2024 이진형
소방관계법규
단원별 기출문제집

불필요한 문제들을 배제하고 시험에 나올만한 문제들로만 구성!

Preface

「소방관계법규 단원별 기출문제집」 교재 소개

▶ 「소방관계법규 단원별 기출문제집」의 특징
① 「소방관계법규」 과목을 시험과목으로 갖고 있는 시험 중 공개된 「소방간부후보생」, 「소방공무원 신규채용」 시험 및 「소방시설관리사」 시험의 기출문제를 모두 실어서 기출문제를 통한 문제 출제 패턴을 익히도록 하였습니다.
② 새로 분법된 「화재의 예방 및 안전관리에 관한 법률」 및 「소방시설 설치 및 관리에 관한 법률」의 내용에 맞게 과거 기출문제들을 변형하여 재배치하고, 신설된 「소방에 화재조사에 관한 법률」 부분도 나눠서 배치하였습니다.
③ 기본서에서 학습한 내용을 문제에 적응시켜 보게함으로써 실전 적응 능력을 향상시키고, 수험생이 어느 부분이 취약한지를 알 수 있도록 문제를 구성하였습니다.
④ 단순 반복되는 문제를 줄이고, 시험에 자주 사용하는 문장들로 구성된 문제들을 배치함으로써 실전에 좀 더 적응하기 쉽게 해줄 것입니다.

▶ 「소방관계법규 단원별 기출문제집」의 활용법
① 기본서 내용이 충분히 숙지가 되었다고 생각되는 학생들은 본 기출문제집을 풀어봄으로써 본인이 전체 내용 중 어느 부분이 취약한지를 확인하게 될 것이고, 그것을 통해 다시 한 번 부족한 부분을 기본서를 통해 복습하시면 좋을 것입니다.
② 수험생들이 혼자서 학습하시는 데 전혀 지장이 없도록 자세한 설명을 덧붙이고저 노력하였으나 문제풀이에 관한 접근 방식이나 문제가 내포하고 있는 출제 포인트를 알기 위해서는 본 저자의 인터넷 강의 또는 현장 수업을 병행하시는 것도 짧은 시간 안에 더 큰 효과를 가져오는 방법이라 생각합니다.
③ 본 교재를 활용하여 단원별로 기출문제들을 풀어봄으로써 출제의 전체적인 틀과 출제의 경향성을 파악하였다면 단원별 평가문제집과 최종적으로는 모의고사식 문제풀이를 활용함으로써 실전에서의 즉각적인 문제해결 능력을 키운다면 실제 소방공무원 시험에서는 고득점을 거두실 수 있을거라 생각합니다.

머리말

사명감을 가지고 소방공무원 시험 대비를 하신지도 어느 정도의 시간이 지나서 이제 저희는 기출문제 풀이를 통해 더 도약하고자 만났습니다.

이번 「소방관계법규 단원별 기출문제집」에는 부정확하게 복원된 너무 오래된 기출문제를 가급적 배제하고, 공개된 다양한 형태의 소방관련 시험들의 문제를 소개함으로써 가장 실전에 도움이 될 수 있는 문제풀이가 되도록 최선의 노력을 기울여서 문제집을 구성하였습니다.

이미 공개되어 검증된 문제들이므로 지문 하나하나가 우리 시험에 출제될 수 있다는 마음으로 소중하게 한문제 한문제씩 분석하고 숙지하신다면 몇 배 이상 더 효율적인 학습을 할 수 있을거라 자부합니다.

문제풀이를 하다보면 많이 틀리기도 하고, 답답한 마음도 들겠지만 그런 과정을 통해 더 발전하고 실력이 쌓이게 될 것입니다.

본 교재를 통해 본인의 약점을 보완하여 원하신는 목표를 꼭 이루시길 응원하겠습니다.

모든 소방수험생 여러분들에게 경의를 표하며, 소방수험생 여러분들의 합격을 진심으로 기원하겠습니다.

소방관계법규 단원별 기출문제편

Chapter 01 소방기본법 ··· 9
    제1절 총 칙 ··· 9
    제2절 소방장비 및 소방용수시설 등 ··································· 17
    제3절 소방활동 등 ··· 26
    제4절 한국소방안전원 ··· 41
    제5절 보 칙 ··· 42
    제6절 벌 칙 ··· 45

Chapter 02 소방시설 설치 및 관리에 관한 법률 ················· 48
    제1절 총 칙 ··· 48
    제2절 소방시설등의 설차관리 및 방염 ································· 61
    제3절 소방시설관리사 및 소방시설관리업 ······························ 87
    제4절 소방용품의 품질관리 ··· 90
    제5절 보 칙 ··· 91
    제6절 벌 칙 ··· 92

Chapter 03 화재의 예방 및 안전관리에 관한 법률 ············· 94
    제1절 화재의 예방 및 안전관리에 기본계획의 수립·시행 ········· 94
    제2절 화재안전조사 ··· 96
    제3절 화재의 예방조치 ·· 101
    제4절 소방대상물의 소방안전관리 ···································· 113

Chapter 04 　소방시설공사업법 · 120

　　제1절　총 칙 · 120
　　제2절　소방시설업 · 122
　　제3절　소방시설공사 · 125
　　제4절　소방기술자 · 138
　　제5절　소방시설업자협회 및 보칙 · 140
　　제6절　벌 칙 · 141

Chapter 05 　위험물안전관리법 · 142

　　제1절　총 칙 · 142
　　제2절　위험물시설의 설치 및 변경 · 149
　　제3절　위험물시설의 안전관리 · 151
　　제4절　위험물의 운반 등 · 158
　　제5절　감독 및 조치명령 · 161
　　제6절　벌 칙 · 161

Chapter 06 　위험물안전관리법 시행규칙 · 162

Chapter 07 　소방의 화재조사에 관한 법률 · 171

　　제1절　화재의 조사 · 171

소방관계법규 단원별 기출문제편

Chapter 01 소방기본법

Chapter 02 소방시설 설치 및 관리에 관한 법

Chapter 03 화재의 예방 및 안전관리에 관한 법

Chapter 04 소방시설공사업법

Chapter 05 위험물안전관리법

Chapter 06 위험물안전관리법 시행규칙

Chapter 07 소방의 화재조사에 관한 법률

Chapter 01 소방기본법

제1절 총칙

01 「소방기본법」상 소방대의 구성원으로 옳은 것은? (2020년 공채 기출)

㉠ 소방안전관리자 ㉡ 의무소방원 ㉢ 자체소방대원
㉣ 의용소방대원 ㉤ 자위소방대원

① ㉠, ㉢
② ㉡, ㉣
③ ㉡, ㉤
④ ㉢, ㉤

02 「소방기본법」상 "소방대장"에 대한 용어의 뜻으로 옳은 것은? (2020년 경력채용 기출)

① 소방대상물의 소유자·관리자 또는 점유자
② 소방본부장 또는 소방서장 등 화재, 재난·재해, 그 밖의 위급한 상황이 발생한 현장에서 소방대를 지휘하는 사람
③ 화재를 진압하고 화재, 재난·재해, 그 밖의 위급한 상황에서 구조·구급 활동 등을 하기 위하여 소방공무원, 의무소방원, 자위소방대원으로 구성된 조직체
④ 특별시·광역시·특별자치시·도 또는 특별자치도에서 화재의 예방·경계·진압·조사 및 구조·구급 등의 업무를 담당하는 부서의 장

해설

01 소방대란 화재를 진압하고 화재, 재난·재해, 그 밖의 위급한 상황에서 구조·구급 활동 등을 하기 위하여 소방공무원, ㉡ 의무소방원, ㉣ 의용소방대원으로 구성된 조직체를 말한다. (소방기본법 제2조 제5항)

02 오답피하기
① 관계인 ③ 소방대 ④ 소방본부장

정답 ≫ 01. ② 02. ②

01 소방기본법

03 「소방기본법」상 규정하는 용어의 정의를 옳게 연결한 것은? (2018년 하반기 경력채용)

> 가. (㉠)이란 건축물, 차량, 항구에 매어둔 선박(「선박법」 제1조의2 제1항에 따른 선박으로서 항구에 매어둔 선박만 해당한다.), 선박 건조 구조물, 산림, 그 밖의 인공 구조물 또는 물건을 말한다.
> 나. (㉡)이란 소방대상물이 있는 장소 및 그 이웃지역으로서 화재의 예방·경계·진압, 구조·구급 등의 활동에 필요한 지역을 말한다.
> 다. (㉢)이란 소방대상물의 소유자·관리자 또는 점유자를 말한다.
> 라. (㉣)이란 특별시·광역시·특별자치시·도 또는 특별자치도에서 화재의 예방·경계·진압·조사 및 구조·구급 등의 업무를 담당하는 부서의 장을 말한다.
> 마. (㉤)란 화재를 진압하고 화재, 재난·재해, 그 밖의 위급한 상황에서 구조·구급 활동 등을 하기 위하여 소방공무원, 의무소방원, 의용소방대원으로 구성된 조직체를 말한다.
> 바. (㉥)이란 소방본부장 또는 소방서장 등 화재, 재난·재해, 그 밖의 위급한 상황이 발생한 현장에서 소방대를 지휘하는 사람을 말한다.

	㉠	㉡	㉢	㉣	㉤	㉥
①	소방대상물	관계지역	관계인	소방본부장	소방대	소방조장
②	방호대상물	경계지역	입회인	소방서장	지역대	소방대장
③	방호대상물	경계지역	입회인	소방서장	지역대	소방조장
④	소방대상물	관계지역	관계인	소방본부장	소방대	소방대장

해설

03 「소방기본법」 용어의 정의 (소방기본법 제2조)

> 가. (㉠ <u>소방대상물</u>)이란 건축물, 차량, 항구에 매어둔 선박(「선박법」 제1조의2 제1항에 따른 선박으로서 항구에 매어둔 선박만 해당한다.), 선박 건조 구조물, 산림, 그 밖의 인공 구조물 또는 물건을 말한다.
> 나. (㉡ <u>관계지역</u>)이란 소방대상물이 있는 장소 및 그 이웃지역으로서 화재의 예방·경계·진압, 구조·구급 등의 활동에 필요한 지역을 말한다.
> 다. (㉢ <u>관계인</u>)이란 소방대상물의 소유자·관리자 또는 점유자를 말한다.
> 라. (㉣ <u>소방본부장</u>)이란 특별시·광역시·특별자치시·도 또는 특별자치도에서 화재의 예방·경계·진압·조사 및 구조·구급 등의 업무를 담당하는 부서의 장을 말한다.
> 마. (㉤ <u>소방대</u>)란 화재를 진압하고 화재, 재난·재해, 그 밖의 위급한 상황에서 구조·구급 활동 등을 하기 위하여 소방공무원, 의무소방원, 의용소방대원으로 구성된 조직체를 말한다.
> 바. (㉥ <u>소방대장</u>)이란 소방본부장 또는 소방서장 등 화재, 재난·재해, 그 밖의 위급한 상황이 발생한 현장에서 소방대를 지휘하는 사람을 말한다.

정답 >> 03. ④

04. 다음 「소방기본법」상 용어에 대한 설명으로 가장 옳은 것은? (2018년 상반기 기출)
① "관계인"이란 소방대상물의 소유자·관리자 또는 점유자를 말한다.
② "관계지역"이란 소방대상물이 있는 장소만을 말한다.
③ "소방대상물"이란 건축물, 항해 중인 선박, 선박건조구조물, 산림, 그 밖의 인공구조물 또는 물건을 말한다.
④ "소방대장"이란 소방본부장 또는 소방서장 만을 말한다.

05. 「소방기본법」상 용어의 정의로 옳지 않은 것은? (2019년 상반기 경력채용)
① "소방대상물"이란 건축물, 차량(「선박법」 제1조의2제1항에 따른 선박으로서 항구에 매어둔 선박만 해당한다), 선박건조구조물, 산림, 그 밖의 인공 구조물 또는 물건을 말한다.
② "관계지역"이란 소방대상물이 있는 장소 및 그 이웃지역으로서 화재의 예방·경계·진압, 구조·구급 등의 활동에 필요한 지역을 말한다.
③ "소방본부장"이란 특별시·광역시·특별자치시·도 또는 특별자치도에서 화재의 예방·경계·진압·조사 및 구조·구급 등의 업무를 담당하는 부서의 장을 말한다.
④ "소방대"란 화재를 진압하고 화재, 재난·재해, 그 밖의 위급한 상황에서 구조·구급 활동 등을 하기 위하여 소방공무원, 의무소방원, 자위소방대원으로 구성된 조직체를 말한다.

해설

04. 오답피하기
② "관계지역"이란 소방대상물이 있는 장소 및 그 이웃 지역으로서 화재의 예방·경계·진압, 구조·구급 등의 활동에 필요한 지역을 말한다.
③ "소방대상물"이란 건축물, 차량, 항구에 매어둔 선박, 선박 건조 구조물, 산림, 그 밖의 인공 구조물 또는 물건을 말한다.
④ "소방대장"이란 소방본부장 또는 소방서장 등 화재, 재난·재해, 그 밖의 위급한 상황이 발생한 현장에서 소방대를 지휘하는 사람을 말한다.

05. 오답피하기
④ "소방대"란 화재를 진압하고 화재, 재난·재해, 그 밖의 위급한 상황에서 구조·구급 활동 등을 하기 위하여 소방공무원, 의무소방원, 의용소방대원으로 구성된 조직체를 말한다.

정답 ≫ 04. ① 05. ④

01 소방기본법

06 「소방기본법」상 소방기관의 설치에 대한 내용으로 옳지 않은 것은? (2021년 경력채용 기출)

① 시·도에서 소방업무를 수행하기 위하여 시·도지사 직속으로 소방본부를 둔다.
② 시·도의 소방업무를 수행하는 소방기관의 설치에 필요한 사항은 행정안전부령으로 정한다.
③ 소방업무를 수행하는 소방본부장 또는 소방서장은 그 소재지를 관할하는 시·도지사의 지휘와 감독을 받는다.
④ 소방청장은 화재 예방 및 대형 재난 등 필요한 경우 시·도 소방본부장 또는 소방서장을 지휘·감독할 수 있다.

07 「소방기본법」제3조 소방기관의 설치 등에 대한 내용이다. (　) 안에 들어갈 말로 옳은 것은? (2022년 경력채용 기출)

> 시·도의 화재 예방·경계·진압 및 조사, 소방안전 교육·홍보와 화재, 재난·재해, 그 밖의 위급한 상황에서의 구조·구급 등의 업무를 수행하는 소방기관의 설치에 필요한 사항은 (　　)(으)로 정한다.

① 대통령령
② 행정안전부령
③ 시·도의 조례
④ 소방청훈령

해설

06 오답피하기
② 시·도의 소방업무를 수행하는 소방기관의 설치에 필요한 사항은 <u>대통령령</u>으로 정한다.

07 시·도의 화재 예방·경계·진압 및 조사, 소방안전 교육·홍보와 화재, 재난·재해, 그 밖의 위급한 상황에서의 구조·구급 등의 업무를 수행하는 소방기관의 설치에 필요한 사항은 (<u>대통령령</u>)으로 정한다.

정답 ≫ 06. ② 07. ①

08 「소방기본법」상 119종합상황실의 설치 및 운영목적에 대한 내용으로 옳지 않은 것은?

(2021년 공채 기출)

① 상황관리
② 대응계획 실행 및 평가
③ 현장 지휘 및 조정·통제
④ 정보의 수집·분석과 판단·전파

09 「소방기본법 시행령」상 소방기술민원센터의 설치·운영기준으로 옳지 않은 것은? (2022년 기출)
① 소방청장 및 본부장은 각 소방서에 소방기술민원센터를 설치·운영한다.
② 소방기술민원센터는 소방기술민원과 관련된 현장 확인 및 처리업무를 수행한다.
③ 소방기술민원센터는 소방기술민원과 관련된 질의회신집 및 해설서 발간의 업무를 수행한다.
④ 소방기술민원센터는 소방시설, 소방공사와 위험물 안전관리 등과 관련된 법령해석 등의 민원을 처리한다.

해설

08 소방청장, 소방본부장 및 소방서장은 화재, 재난·재해, 그 밖에 구조·구급이 필요한 상황이 발생하였을 때에 신속한 소방활동을 위한 ④ 정보의 수집·분석과 판단·전파, ① 상황관리, ③ 현장 지휘 및 조정·통제 등의 업무를 수행하기 위하여 119종합상황실을 설치·운영하여야 한다. (「소방기본법」 제4조 제1항)

09 오답피하기
① 소방청장 및 본부장은 소방청 또는 소방본부에 소방기술민원센터를 설치·운영한다.

정답 >>> 08. ② 09. ①

01 소방기본법

10 「소방기본법」 및 같은 법 시행령상 소방기술민원센터에 대한 내용으로 옳지 않은 것은?

(2022년 경력채용 기출)

① 소방기술민원센터는 센터장을 포함하여 18명 이내로 구성한다.
② 소방기술민원센터는 소방기술민원과 관련된 업무로서 소방청장 또는 소방본부장이 필요하다고 인정하여 지시하는 업무를 수행한다.
③ 소방기술민원센터장은 소방기술민원센터의 업무수행을 위하여 필요하다고 인정하는 경우에는 관계 기관의 장에게 소속 공무원 또는 직원의 파견을 요청할 수 있다.
④ 소방청장은 소방시설, 소방공사 및 위험물 안전관리 등과 관련된 법령해석 등의 민원을 종합적으로 접수하여 처리할 수 있는 소방기술민원센터를 설치·운영할 수 있다.

11 「소방기본법」상 소방박물관 등의 설립과 운영에 관한 설명이다. (　)안의 내용으로 옳은 것은?

(2019년 상반기 경력채용)

> 소방의 역사와 안전문화를 발전시키고 국민의 안전 의식을 높이기 위하여 (가)은/는 소방박물관을, (나)은/는 소방체험관(화재 현장에서의 피난 등을 체험할 수 있는 체험관을 말한다)을 설립하여 운영할 수 있다.

	(가)	(나)		(가)	(나)
①	소방청장	시·도지사	②	소방청장	소방본부장
③	시·도지사	소방본부장	④	시·도지사	소방청장

해설

10 오답피하기
③ <u>소방청장 또는 소방본부장</u>은 소방기술민원센터의 업무수행을 위하여 필요하다고 인정하는 경우에는 관계 기관의 장에게 소속 공무원 또는 직원의 파견을 요청할 수 있다.

11 소방의 연사와 안전문화를 발전시키고 국민의 안전 의식을 높이기 위하여 (㉮ <u>소방청장</u>)은 소방박물관을, (㉯ <u>시·도지사</u>)는 소방체험관(화재 현장에서 피난 등을 체험할 수 있는 체험관을 말한다)을 설립하여 운영할 수 있다.

정답 ≫ 10. ③　11. ①

12 「소방기본법」상 소방 관련 시설 등의 설립 또는 설치에 관한 법적 근거로 옳은 것은?

(2021년 경력채용 기출)

① 소방체험관 : 대통령령
② 119종합상황실 : 대통령령
③ 소방박물관 : 행정안전부령
④ 비상소화장치 : 시·도 조례

13 「소방기본법」상 소방업무에 관한 종합계획의 수립·시행 등에 대한 설명이다. (   )안에 들어갈 내용으로 옳은 것은?

(2020년 공채 기출)

(가)은 화재, 재난·재해, 그 밖의 위급한 상황으로부터 국민의 생명·신체 및 재산을 보호하기 위하여 소방업무에 관한 종합계획을 (나)마다 수립·시행하여야 하고, 이에 필요한 재원을 확보하도록 노력하여야 한다.

	(가)	(나)
①	소방청장	3년
②	소방청장	5년
③	행정안전부장관	3년
④	행정안전부장관	5년

해설

12 오답피하기
① 소방체험관 : 시·도 조례
② 119종합상황실 : 행정안전부령
④ 비상소화장치 : 행정안전부령

13 (가. 소방청장)은 화재, 재난·재해, 그 밖의 위급한 상황으로부터 국민의 생명·신체 및 재산을 보호하기 위하여 소방업무에 관한 종합계획을 (나. 5년)마다 수립·시행하여야 하고, 이에 필요한 재원을 확보하도록 노력하여야 한다. (소방기본법 제6조 제1항))

정답 ≫ 12. ③ 13. ②

01 소방기본법

14 「소방기본법」 및 같은 법 시행령상 소방업무에 관한 종합계획의 수립·시행 등의 내용으로 옳지 않은 것은? (2022년 경력채용 기출)

① 소방청장은 수립한 종합계획을 관계 중앙행정기관의 장, 시·도지사에게 통보하여야 한다.
② 시·도지사는 관할 지역의 특성을 고려하여 종합계획의 시행에 필요한 세부계획을 매년 수립하여 행정안전부장관에게 제출하여야 한다.
③ 종합계획에는 소방업무에 필요한 체계의 구축, 소방기술의 연구·개발 및 보급, 소방전문인력 양성에 대한 사항이 포함되어야 한다.
④ 소방청장은 소방업무에 관한 종합계획을 관계 중앙행정기관의 장과의 협의를 거쳐 계획 시행 전년도 10월 31일까지 수립하여야 한다.

15 「소방기본법」상 소방력의 기준 등에 관한 설명으로 옳은 것은? (2019년 상반기 경력채용)

① 소방업무를 수행하는 데에 필요한 소방력에 관한 기준은 대통령령으로 정한다.
② 소방청장은 소방력의 기준에 따라 관할구역의 소방력을 확충하기 위하여 필요한 계획을 수립하여 시행하여야 한다.
③ 소방자동차 등 소방장비의 분류·표준화와 그 관리 등에 필요한 사항은 따로 법률에서 정한다.
④ 국가는 소방장비의 구입 등 시·도의 소방업무에 필요한 경비의 일부를 보조하고, 보조 대상사업의 범위와 기준보조율은 행정안전부령으로 정한다.

해설

14 오답피하기
② 시·도지사는 관할 지역의 특성을 고려하여 종합계획의 시행에 필요한 세부계획을 매년 수립하여 <u>소방청장</u>에게 제출하여야 한다.

15 오답피하기
① 소방업무를 수행하는 데에 필요한 소방력에 관한 기준은 <u>행정안전부령</u>으로 정한다.
② <u>시·도지사</u>는 소방력의 기준에 따라 관할구역의 소방력을 확충하기 위하여 필요한 계획을 수립하여 시행하여야 한다.
④ 국가는 소방장비의 구입 등 시·도의 소방업무에 필요한 경비의 일부를 보조하고, 보조 대상사업의 범위와 기준보조율은 <u>대통령령</u>으로 정한다.

정답 ≫ 14. ② 15. ③

16 다음의 소방에 관한 규정 중 옳지 않은 것은? (2016년 소방간부 기출)

① 시·도의 소방업무를 수행하는 소방기관의 설치에 필요한 사항은 대통령령으로 정한다.
② 소방업무를 수행하는 소방본부장 또는 소방서장은 시·도지사의 지휘와 감독을 받는다.
③ 소방청장, 소방본부장 및 소방서장은 119종합상황실을 설치·운영하여야 하며, 이 때 필요한 사항은 행정안전부령으로 정한다.
④ 소방기관이 소방업무를 수행하는데 필요한 인력과 장비 등에 관한 기준은 행정안전부령으로 정한다.
⑤ 소방본부장 또는 소방서장은 화재가 발생할 우려가 높거나 화재가 발생하는 경우 그로 인하여 피해가 클 것으로 예상되는 지역을 화재예방강화지구로 지정할 수 있다.

제2절 소방장비 및 소방용수시설 등

17 「소방기본법」상 시·도지사가 소방활동에 필요하여 설치하고 유지·관리하는 소방용수시설로 옳지 않은 것은? (2020년 공채 기출)

① 소화전
② 저수조
③ 급수탑
④ 상수도소화용수설비

해설

16 오답피하기
⑤ 시·도지사는 화재가 발생할 우려가 높거나 화재가 발생하는 경우 그로 인하여 피해가 클 것으로 예상되는 지역을 화재예방강화지구로 지정할 수 있다.

17 시·도지사는 소방활동에 필요한 ① 소화전, ③ 급수탑, ② 저수조를 설치하고 유지·관리하여야 한다. (소방기본법 제10조 제1항)

정답 ≫ 16. ⑤ 17. ④

01 소방기본법

18 「소방기본법 시행규칙」상 저수조의 설치기준으로 옳지 않은 것은? (2018년 하반기 기출)
① 지면으로부터의 낙차가 10미터 이하일 것
② 흡수부분의 수심이 0.5미터 이상일 것
③ 흡수관의 투입구가 사각형의 경우에는 한 변의 길이가 60센티미터 이상, 원형의 경우에는 지름이 60센티미터 이상일 것
④ 저수조에 물을 공급하는 방법은 상수도에 연결하여 자동으로 급수되는 구조일 것

19 「소방기본법 시행규칙」상 소방용수시설의 설치기준으로 옳은 것은? (2021년 기출)
① 소방용호스와 연결하는 소화전의 연결금속구의 구경은 40밀리미터로 할 것
② 공업지역인 경우 소방대상물과 수평거리를 100미터 이하가 되도록 할 것
③ 저수조에 물을 공급하는 방법은 상수도에 연결하여 수동으로 급수되는 구조일 것
④ 급수탑의 개폐밸브는 지상에서 0.8미터 이상 1.5미터 이하의 위치에 설치하도록 할 것

해설

18 오답피하기
① 지면으로부터의 낙차가 <u>4.5미터</u> 이하일 것

19 오답피하기
① 소방용호스와 연결하는 소화전의 연결금속구의 구경은 <u>65밀리미터</u>로 할 것
③ 저수조에 물을 공급하는 방법은 상수도에 연결하여 <u>자동으로 급수되는</u> 구조일 것
④ 급수탑의 개폐밸브는 지상에서 <u>1.5미터 이상 1.7미터 이하</u>의 위치에 설치하도록 할 것

정답 ≫ 18. ① 19. ②

20 「소방기본법」 및 같은 법 시행규칙상 소방용수시설 설치기준 등에 대한 설명으로 옳지 않은 것은?

(2019년 상반기 기출)

① 시·도지사는 소방활동에 필요한 소방용수시설을 설치하고 유지·관리하여야 하고, 「수도법」 제45조에 따라 소화전을 설치하는 일반수도사업자는 관할 소방서장과 사전협의를 거친 후 소화전을 설치하여야 하며, 설치 사실을 관할 소방서장에게 통지하고, 그 소화전은 소방서장이 유지·관리하여야 한다.

② 정당한 사유 없이 소방용수시설 또는 비상소화장치를 사용하거나 소방용수시설 또는 비상소화장치의 효용을 해치거나 그 정당한 사용을 방해한 사람에 대해서는 5년 이하의 징역 또는 5천만원 이하의 벌금에 처한다.

③ 소방본부장 또는 소방서장은 원활한 소방활동을 위하여 소방용수시설에 대한 조사, 소방대상물에 인접한 도로의 폭·교통상황, 도로주변의 토지의 고저·건축물의 개황 그 밖의 소방활동에 필요한 지리에 대한 조사를 월 1회 이상 실시하여야 하며, 조사결과는 2년간 보관하여야 한다.

④ 소화전은 상수도와 연결하여 지하식 또는 지상식의 구조로 하고 소방용 호스와 연결하는 소화전의 연결 금속구의 구경은 65밀리미터로 하여야 하며, 급수탑은 급수배관의 구경을 100밀리미터 이상으로 하고 개폐밸브는 지상에서 1.5미터 이상 1.7미터 이하의 높이에 설치하여야 한다.

해설

20 오답피하기

① 시·도지사는 소방활동에 필요한 소방용수시설을 설치하고 유지·관리하여야 하고, 「수도법」 제45조에 따라 소화전을 설치하는 일반수도사업자는 관할 소방서장과 사전협의를 거친 후 소화전을 설치하여야 하며, 설치 사실을 관할 소방서장에게 통지하고, 그 소화전은 (일반수도사업자가) 유지·관리하여야 한다. (「소방기본법」 제10조 제1항)

정답 ≫ 20. ①

01 소방기본법

21 「소방기본법 시행규칙」상 지하에 설치하는 소화전 또는 저수조의 경우 소방용수표지는 다음 기준에 따라 설치하여야 한다. ( ) 안에 들어갈 내용으로 옳은 것은? (2023년 공채 기출)

- 맨홀 뚜껑은 지름 (ㄱ)밀리미터 이상의 것으로 할 것. 다만, 승하강식 소화전의 경우에는 이를 적용하지 않는다.
- 맨홀 뚜껑 부근에는 (ㄴ) 반사도료로 폭 (ㄷ)센티미터의 선을 그 둘레를 따라 칠할 것

	ㄱ	ㄴ	ㄷ
①	648	노란색	15
②	678	붉은색	15
③	648	붉은색	25
④	678	노란색	25

22 「소방기본법 시행령」상 국고보조 대상사업의 범위에 해당하지 않는 것은? (2019년 소방간부 기출)
① 소방자동차 구입
② 소방헬리콥터 및 소방정 구입
③ 소방전용통신설비 및 전산설비 설치
④ 방화복 등 소방활동에 필요한 소방장비 구입
⑤ 소방관서용 청사의 대수선

해설

21
- 맨홀 뚜껑은 지름 (ㄱ. <u>648</u>)밀리미터 이상의 것으로 할 것. 다만, 승하강식 소화전의 경우에는 이를 적용하지 않는다.
- 맨홀 뚜껑 부근에는 (ㄴ. <u>노란색</u>) 반사도료 폭 (ㄷ. <u>15</u>)센티미터의 선을 그 둘레를 따라 칠할 것

22 오답피하기
⑤ 소방관서용 청사의 <u>건축</u>

정답 ≫ 21. ① 22. ⑤

23 「소방기본법 시행령」상 소방장비 등 국고보조 대상사업의 범위에 해당하지 않는 것은?

(2020년 경력채용 기출)

① 소방자동차 구입
② 소방용수시설 설치
③ 소방헬리콥터 및 소방정 구입
④ 소방전용통신설비 및 전산설비 설치

24 「소방기본법」 및 같은 법 시행령상 소방장비 등에 대한 국고보조의 내용으로 옳지 않은 것은?

(2021년 경력채용 기출)

① 보조 대상사업의 범위와 기준보조율은 대통령령으로 정한다.
② 소방활동장비 및 설비의 종류와 규격은 행정안전부령으로 정한다.
③ 국가는 소방장비의 구입 등 시·도의 소방업무에 필요한 경비의 전부를 보조한다.
④ 국고보조 대상사업에 해당하는 소방활동장비로는 소방자동차, 소방헬리콥터 및 소방정 등이 있다.

해설

23 [소방기본법 시행령 제2조] 국고보조 대상사업의 범위
1. ① <u>소방자동차</u>
2. ③ <u>소방헬리콥터 및 소방정</u>
3. ④ <u>소방전용통신설비 및 전산설비</u>
4. 그 밖에 방화복 등 소방활동에 필요한 소방장비
5. 소방관서용 청사의 건축

24 오답피하기
③ 국가는 소방장비의 구입 등 시·도의 소방업무에 필요한 경비의 <u>일부</u>를 보조한다.

정답 ≫ 23. ② 24. ③

01 소방기본법

25 「소방기본법 시행규칙」상 국고보조의 대상이 되는 소방활동 장비의 종류와 규격으로 옳지 않은 것은?

(2023년 공채 기출)

① 구조정 : 90마력 이상
② 배연차(중형) : 170마력 이상
③ 구급차(특수) : 90마력 이상
④ 소방헬리콥터 : 5~17인승

26 「소방기본법 시행규칙」상 소방용수시설 및 비상소화장치의 설치기준으로 옳지 않은 것은?

(2022년 기출)

① 비상소화장치의 설치기준에 관한 세부 사항은 소방청장이 정한다.
② 소방청장은 설치된 소방용수시설에 대하여 소방용수표지를 보기 쉬운 곳에 설치하여야 한다.
③ 소방호스 및 관창은 소방청장이 정하여 고시하는 형식승인 및 제품검사의 기술기준에 적합한 것으로 설치한다.
④ 비상소화장치함은 소방청장이 정하여 고시하는 성능인증 및 제품검사의 기술기준에 적합한 것으로 설치한다.

해설

25 오답피하기
① 구조정 : 30톤급

26 오답피하기
② 시·도지사는 설치된 소방용수시설에 대하여 소방용수 표지를 보기 쉬운 곳에 설치하여야 한다.

정답 ≫ 25. ① 26. ②

27 「소방기본법」 및 같은 법 시행령상 비상소화장치 설치대상 지역을 있는 대로 모두 고른 것은?

(2022년 경력채용 기출)

> ㄱ. 위험물의 저장 및 처리 시설이 밀집한 지역
> ㄴ. 석유화학제품을 생산하는 공장이 있는 지역
> ㄷ. 소방시설·소방용수시설 또는 소방출동로가 없는 지역
> ㄹ. 시·도지사가 비상소화장치의 설치가 필요하다고 인정하는 지역

① ㄱ, ㄴ
② ㄷ, ㄹ
③ ㄱ, ㄴ, ㄷ
④ ㄱ, ㄴ, ㄷ, ㄹ

28 「소방기본법 시행규칙」상 소방용수시설 및 지리조사에 관한 내용으로 옳지 않은 것은?

(2023년 경력채용 기출)

① 소방본부장 또는 소방서장은 원활한 소방활동을 위하여 소방용수시설 및 지리조사를 월 1회 이상 실시하여야 한다.
② 지리조사는 소방대상물에 인접한 도로의 폭·교통상황, 도로주변의 토지의 고저·건축물의 개황을 제외한 소방활동에 필요한 사항이다.
③ 조사결과는 전자적 처리가 불가능한 특별한 사유가 없으면 전자적 처리가 가능한 방법으로 작성·관리하여야 한다.
④ 소방용수시설 및 지리조사는 소방용수조사부 및 지리조사부 서식에 의하되, 그 조사결과를 2년간 보관하여야 한다.

해설

27 비상소화장치 설치 대상 지역
1) 화재예방강화지구 (㉠, ㉡, ㉢)
2) 시·도지사가 비상소화장치의 설치가 필요하다고 인정하는 지역 (㉣)

28 오답피하기
② 지리조사는 소방대상물에 인접한 도로의 폭·교통상황, 도로주변의 토지의 고저·건축물의 개황 등 소방활동에 필요한 사항이다.

정답 » 27. ④ 28. ②

01 소방기본법

29 「소방기본법」상 소방업무의 응원에 대한 설명으로 틀린 것은? (2017년 하반기 기출)
① 소방업무의 응원을 위하여 파견된 소방대원은 응원 요청을 받은 소방본부장, 소방서장의 지휘를 따른다.
② 소방본부장, 소방서장은 소방활동을 할 때에 긴급한 경우에는 이웃한 소방본부장 또는 소방서장에게 소방업무의 응원을 요청 할 수 있다.
③ 시·도지사는 소방업무의 응원을 요청하는 경우를 대비하여 출동 대상 지역 및 규모와 필요한 경비의 부담 등에 관하여 필요한 사항을 행정안전부령으로 정하는 바에 따라 이웃하는 시·도지사와 협의하여 미리 규약으로 정하여야 한다.
④ 소방업무의 응원요청을 받은 소방본부장 또는 소방서장은 정당한 사유 없이 그 요청을 거절하여서는 아니된다.

30 「소방기본법」상 소방업무의 응원에 대한 내용으로 옳지 않은 것은? (2021년 경력채용 기출)
① 소방업무의 응원을 위하여 파견된 소방대원은 응원을 요청한 소방본부장 또는 소방서장의 지휘에 따라야 한다.
② 소방업무의 응원 요청을 받은 소방본부장 또는 소방서장은 정당한 사유없이 그 요청을 거절하여서는 아니된다.
③ 소방본부장이나 소방서장은 소방활동을 할 때에 긴급한 경우에는 이웃한 소방본부장 또는 소방서장에게 소방업무의 응원(應援)을 요청할 수 있다.
④ 소방청장은 소방업무의 응원을 요청하는 경우를 대비하여 출동 대상지역 및 규모와 필요한 경비의 부담 등에 관하여 필요한 사항을 행정안전부령으로 정하는 바에 따라 시·도지사와 협의하여 미리 규약(規約)으로 정하여야 한다.

> **해설**
>
> **29** 오답피하기
> ① 응원을 요청한 소방본부장 또는 소방서장의 지휘에 따라야 한다. (소방기본법 제11조 제3항).
>
> **30** 오답피하기
> ④ 시·도지사는 소방업무의 응원을 요청하는 경우를 대비하여 출동 대상지역 및 규모와 필요한 경비의 부담 등에 관하여 필요한 사항을 행정안전부령으로 정하는 바에 따라 시·도지사와 협의하여 미리 규약(規約)으로 정하여야 한다.
>
> 정답 ≫ 29. ① 30. ④

31. 「소방기본법」상 소방력의 동원에 대한 설명이다. (   )안에 들어갈 내용으로 옳은 것은?

(2020년 경력채용 기출)

> (가)은/는 해당 시·도의 소방력만으로는 소방활동을 효율적으로 수행하기 어려운 화재, 재난·재해, 그 밖의 구조·구급이 필요한 상황이 발생하거나 특별히 국가적 차원에서 소방활동을 수행할 필요가 인정될 때에는 각 (나)에게 행정안전부령으로 정하는 바에 따라 소방력을 동원할 것을 요청할 수 있다.

	(가)	(나)
①	소방청장	시·도지사
②	소방청장	소방본부장
③	시·도지사	시·도지사
④	시·도지사	소방본부장

해설

31 [소방기본법 제11조의2] 소방업무의 동원

> (가. <u>소방청장</u>)은 해당 시·도의 소방력만으로는 소방활동을 효율적으로 수행하기 어려운 화재, 재난·재해, 그 밖의 구조·구급이 필요한 상황이 발생하거나 특별히 국가적 차원에서 소방활동을 수행할 필요가 인정될 때에는 각 (나. <u>시·도지사</u>)에게 행정안전부령으로 정하는 바에 따라 소방력을 동원할 것을 요청할 수 있다.

정답 ≫ 31. ①

제3절 소방활동 등

32 「소방기본법」 및 같은법 시행규칙상 소방지원활동으로 옳지 않은 것은? (2018년 하반기 기출)
① 집회·공연 등 각종 행사 시 사고에 대비한 근접대기 등 지원활동
② 소방시설 오작동 신고에 따른 조치활동
③ 방송제작 또는 촬영 관련 지원활동
④ 위해동물, 벌 등의 포획 및 퇴치활동

33 「소방기본법」상 소방대의 생활안전활동으로 옳지 않은 것은? (2020년 공채 기출)
① 단전사고 시 비상전원 또는 조명 공급
② 소방시설 오작동 신고에 따른 조치 활동
③ 위해동물, 벌 등의 포획 및 퇴치 활동
④ 끼임, 고립 등에 따른 위험제거 및 구출 활동

해설

32 오답피하기
④ 위해동물, 벌 등의 포획 및 퇴치활동(→ 생활안전활동 : 소방기본법 제16조의3)

33 오답피하기
① 생활안전활동(소방기본법 제16조의3)
② 소방지원활동(소방기본법 제16조의2)
③ 생활안전활동(소방기본법 제16조의3)
④ 생활안전활동(소방기본법 제16조의3)

정답 ≫ 32. ④ 33. ②

34 「소방기본법」상 규정하는 소방지원활동과 생활안전활동을 옳게 연결한 것은?

(2018년 하반기 경력채용)

가. 산불에 대한 예방·진압 등 지원활동
나. 자연재해에 따른 급수·배수 및 제설 등 지원활동
다. 집회·공연 등 각종 행사 시 사고에 대비한 근접대기 등 지원활동
라. 화재, 재난·재해로 인한 피해복구 지원활동
마. 붕괴, 낙하 등이 우려되는 고드름, 나무, 위험 구조물 등의 제거활동
바. 위해동물, 벌 등의 포획 및 퇴치 활동
사. 끼임, 고립 등에 따른 위험제거 및 구출 활동
아. 단전사고 시 비상전원 또는 조명의 공급

	소방지원활동	생활안전활동
①	가 – 나 – 다 – 라	마 – 바 – 사 – 아
②	가 – 라 – 마 – 사	나 – 다 – 바 – 아
③	마 – 사 – 사 – 아	가 – 나 – 다 – 라
④	나 – 다 – 바 – 아	가 – 라 – 마 – 사

해설

34

소방지원활동(소방기본법 제16조의2)	생활안전활동(소방기본법 제16조의3)
가. 산불에 대한 예방·진압 등 지원활동 나. 자연재해에 따른 급수·배수 및 제서 등 지원활동 다. 집회·공연 등 각종 행사 시 사고에 대비한 근접대기 등 지원활동 라. 화재, 재난·재해로 인한 피해복구 지원활동	마. 붕괴, 낙하 등이 우려되는 고드름, 나무, 위험 구조물 등의 제거활동 바. 위해동물, 벌 등의 포획 및 퇴치 활동 사. 끼임, 고립 등에 따른 위험제거 및 구출 활동 아. 단전사고 시 비상전원 또는 조명의 공급

정답 ≫ 34. ①

35 「소방기본법」상 소방지원활동으로 옳지 않은 것은? (2020년 경력채용 기출)
① 붕괴, 낙하 등이 우려되는 고드름 등의 제거활동
② 화재, 재난·재해로 인한 피해복구 지원활동
③ 자연재해에 따른 급수·배수 및 제설 등 지원활동
④ 집회·공연 등 각종 행사 시 사고에 대비한 근접대기등 지원활동

36 「소방기본법」 제16조의3에서 규정한 소방대의 생활안전활동으로 옳지 않은 것은? (2022년 경력채용 기출)
① 위해동물, 벌 등의 포획 및 퇴치 활동
② 단전사고 시 비상전원 또는 조명의 공급
③ 자연재해에 따른 급수·배수 및 제설 등 지원활동
④ 붕괴, 낙하 등이 우려되는 고드름, 나무, 위험 구조물 등의 제거활동

37 소방기본법령상 소방안전교육사 배치 대상이 아닌 것은? (2018년 소방안전교육사)
① 한국소방산업기술원 ② 소방본부
③ 대한소방공제회 ④ 소방청

해설

35 오답피하기
① 붕괴, 낙하 등이 우려되는 고드름 등의 제거활동은 "생활안전활동"에 해당한다.

36 오답피하기
③ 자연재해에 따른 급수·배수 및 제설 등 지원활동은 '소방지원활동'에 해당한다.

37 소방안전교육사의 배치대상별 배치기준 (단위 : 명)

배치대상	배치기준
소방청	2 이상
소방본부	2 이상
소방서	1 이상
한국소방안전원	본회 : 2 이상 / 시·도지부 : 1 이상
한국소방산업기술원	2 이상

정답 ≫ 35. ① 36. ③ 37. ③

38 「소방기본법 시행령」상 소방안전교육사시험 응시자격에 대한 설명으로 옳은 것은?

(2019년 상반기 기출)

> ㉠ 「영유아보육법」 제21조에 따라 보육교사 자격을 취득한 후 2년 이상의 보육업무 경력이 있는 사람
> ㉡ 「국가기술자격법」 제2조제3호에 따른 국가기술자격의 직무분야 중 안전관리 분야의 산업기사 자격을 취득한 후 안전관리 분야에 3년 이상 종사한 사람
> ㉢ 「의료법」 제7조에 따라 간호조무사 자격을 취득한 후 간호업무 분야에 2년 이상 종사한 사람
> ㉣ 「응급의료에 관한 법률」 제36조제3항에 따라 2급응급구조사 자격을 취득한 후 응급의료 업무 분야에 3년 이상 종사한 사람
> ㉤ 「소방공무원법」 제2조에 따른 소방공무원으로 2년 이상 근무한 경력이 있는 사람
> ㉥ 「의용소방대 설치 및 운영에 관한 법률」 제3조에 따라 의용소방대원으로 임명된 후 5년 이상 의용소방대 활동을 한 경력이 있는 사람

① ㉠, ㉢, ㉤
② ㉡, ㉣, ㉥
③ ㉢, ㉣, ㉤
④ ㉣, ㉤, ㉥

해설

38 오답피하기

㉠ 「영유아보육법」 제21조에 따라 보육교사 자격을 취득한 후 <u>3년 이상</u>의 보육업무 경력이 있는 사람 (×)
㉡ 「국가기술자격법」 제2조제3호에 따른 국가기술자격의 직무분야 중 안전관리 분야의 산업기사 자격을 취득한 후 안전관리 분야에 3년 이상 종사한 사람 (○)
㉢ 「의료법」 제7조 따라 <u>간호사 면허</u>를 취득한 후 간호업무 분야에 <u>1년 이상</u> 종사한 사람 (×)
㉣ 「응급의료에 관한 법률」 제36조제3항에 따라 2급 응급구조사 자격을 취득한 후 응급의료 업무 분야에 3년 이상 종사한 사람 (○)
㉤ 「소방공무원법」 제2조에 따른 소방공무원으로 <u>3년 이상</u> 근무한 경력이 있는 사람 (×)
㉥ 「의용소방대 설치 및 운영에 관한 법률」 제3조에 따라 의용소방대원으로 임명된 후 5년 이상 의용소방대 활동을 한 경력이 있는 사람 (○)

정답 ≫ 38. ②

01 소방기본법

39 「소방기본법 시행령」상 소방안전교육사의 배치대상별 배치기준에 관한 설명이다. ( ) 안의 내용으로 옳은 것은?

(2019년 상반기 경력채용)

> 소방안전교육사의 배치대상별 배치기준에 따르면 소방청 (가)명 이상, 소방본부 (나)명 이상, 소방서 (다)명 이상이다.

	(가)	(나)	(다)		(가)	(나)	(다)
①	1	1	1	②	1	2	2
③	2	1	2	④	2	2	1

40 「소방기본법」 및 같은 법 시행령상 소방안전교육사와 관련된 규정의 내용으로 옳지 않은 것은?

(2020년 경력채용 기출)

① 소방안전교육사는 소방안전교육의 기획·진행·분석·평가 및 교수업무를 수행한다.
② 금고 이상의 형의 집행유예를 선고받고 그 유예기간 중에 있는 사람은 소방안전교육사가 될 수 없다.
③ 초등학교 등 교육기관에는 소방안전교육사를 1명 이상 배치하여야 한다.
④ 「유아교육법」에 따라 교원의 자격을 취득한 사람은 소방안전교육사 시험에 응시할 수 있다.

해설

39 소방안전교육사의 배치대상별 배치기준에 따르면 소방청 (㉮ <u>2</u>)명 이상, 소방본부 (㉯ <u>2</u>)명 이상, 소방서 (㉰ <u>1</u>)명 이상이다.

40 소방기본법 시행령 [별표 2의3] 소방안전교육사의 배치대상별 배치기준

배치대상	배치기준 (단위 : 명)
소방청	2 이상
소방본부	2 이상
소방서	1 이상
한국소방안전원	본회 : 2 이상 / 시·도지부 : 1 이상
한국소방산업기술원	2 이상

오답피하기
③ 초등학교 등 교육기관은 「소방기본법」상의 소방안전교육사 배치대상에 해당하지 않는다.

정답 >>> 39. ④ 40. ③

41 「소방기본법 시행규칙」상 소방신호에 대한 설명으로 옳은 것은? (2018년 상반기 기출)

① 경계신호 - 1타와 연2타를 반복 - 5초 간격을 두고 30초씩 3회
② 발화신호 - 연3타를 반복 후 난타 - 5초 간격을 두고 5초씩 3회
③ 해제신호 - 연 2타를 반복 - 1분간 1회
④ 훈련신호 - 연3타 반복 - 5초 간격을 두고 1분씩 3회

42 소방기본법령상 소방신호의 종류로 옳지 않은 것은? (2018년 소방안전교육사)

① 경계신호
② 발화신호
③ 훈련신호
④ 출동신호

해설

41 오답피하기
② 발화신호 - 난타 - 5초 간격을 두고 5초씩 3회
③ 해제신호 - 상당한 간격을 두고 1타씩 반복 - 1분간 1회
④ 훈련신호 - 연3타 반복 - 10초 간격을 두고 1분씩 3회

42 소방기본법령상 소방신호로는 ① 경계신호, ② 발화신호, 해제신호, ③ 훈련신호가 있다.
(「소방기본법 시행규칙」 제10조)

정답 ≫ 41. ① 42. ④

01 소방기본법

43 소방기본법령상 소방신호의 종류 및 방법에 관한 내용으로 옳지 않은 것은?

(2018년 소방안전교육사)

① 발화신호의 싸이렌신호는 5초 간격을 두고 1분씩 3회이다.
② 해제신호의 타종신호는 상당한 간격을 두고 1타씩 반복한다.
③ 훈련신호의 싸이렌신호는 10초 간격을 두고 1분씩 3회이다.
④ 경계신호의 타종신호는 1타와 연2타를 반복한다.

44 「소방기본법」상 규정하고 있는 소방자동차의 우선 통행 등에 대한 설명으로 옳지 않은 것은?

(2018년 하반기 경력채용)

① 모든 차와 사람은 소방자동차가 화재진압 및 구조·구급 활동을 위하여 출동을 할 때에는 이를 방해하여서는 아니 된다.
② 소방자동차의 우선통행에 관하여는 「자동차 관리법」에서 정하는 바에 따른다.
③ 소방자동차는 화재진압 및 구조·구급 활동을 위하여 출동하거나 훈련을 위하여 필요할 때에는 사이렌을 사용할 수 있다.
④ 소방자동차의 화재진압 출동을 고의로 방해한 자는 5년 이하의 징역 또는 5천만원 이하의 벌금에 처한다.

해설

43 소방신호의 방법

	타종신호	싸이렌신호
경계신호	1타와 연1타를 반복	5초 간격을 두고 30초씩 3회
발화신호	난타	5초 간격을 두고 5초씩 3회
해제신호	상당한 간격을 두고 1타씩 반복	1분간 1회
훈련신호	연3타반복	10초 간격을 두고 1분간 3회

오답피하기
① 발화신호의 싸이렌신호는 5초 간격을 두고 <u>5초씩</u> 3회이다.

44 **오답피하기**
② 모든 차와 사람은 소방자동차가 화재진압을 위하여 사이렌을 사용하여 출동하는 경우 소방자동차의 우선 통행에 관하여는 <u>「도로교통법」</u>에서 정하는 바에 따른다. (「소방기본법」 제21조 제4항)

정답 ≫ 43. ① 44. ②

45 「소방기본법」상 소방자동차가 화재진압을 위하여 출동하는 경우 소방자동차의 우선 통행에 관한 내용으로 옳지 않은 것은? (2020년 경력채용 기출)

① 모든 차와 사람은 소방자동차가 화재진압을 위하여 출동을 할 때에는 이를 방해하여서는 아니 된다.
② 소방자동차가 화재진압을 위하여 출동하거나 훈련을 위하여 필요할 때에는 사이렌을 사용할 수 있다.
③ 모든 차와 사람은 소방자동차가 화재진압을 위하여 사이렌을 사용하는 출동하는 경우에는 소방자동차에 진로를 양보하지 아니하는 행위를 하여서는 아니 된다.
④ 모든 차와 사람은 소방자동차가 화재진압을 위하여 사이렌을 사용하여 출동하는 경우 소방자동차의 우선 통행에 관하여는 「교통안전법」에서 정하는 바에 따른다.

46 「소방기본법 시행령」상 규정하는 소방자동차 전용구역 방해행위 기준으로 옳지 않은 것은? (2018년 하반기 기출)

① 전용구역에 물건 등을 쌓거나 주차하는 행위
② 「주차장법」 제19조에 따른 부설주차장의 주차구획 내에 주차하는 행위
③ 전용구역 진입로에 물건 등을 쌓거나 주차하여 전용구역으로의 진입을 가로막는 행위
④ 전용구역 노면표지를 지우거나 훼손하는 행위

해설

45 오답피하기

④ 모든 차와 사람은 소방자동차가 화재진압을 위하여 사이렌을 사용하여 출동하는 경우 소방자동차의 우선 통행에 관하여는 <u>「도로교통법」</u>에서 정하는 바에 따른다. (「소방기본법」 제21조 제4항)

46 소방자동차 전용구역 방해행위 기준(소방기본법 시행령 제7조의14)

1. 전용구역에 물건 등을 쌓거나 주차하는 행위
2. 전용구역의 앞면, 뒷면 또는 양 측면에 물건 등을 쌓거나 주차하는 행위
    다만, 「주차장법」 제19조에 따른 <u>부설주차장의 주차구획 내에 주차하는 경우는</u> 제외한다.
3. 전용구역 진입로에 물건 등을 쌓거나 주차하여 전용구역으로의 진입을 가로막는 행위
4. 전용구역 노면표지를 지우거나 훼손하는 행위
5. 그 밖의 방법으로 소방자동차가 전용구역에 주차하는 것을 방해하거나 전용구역으로 진입하는 것을 방해하는 행위

정답 ≫ 45. ④ 46. ②

01 소방기본법

47 「소방기본법 시행령」상 소방자동차 전용구역 방해 행위의 기준에 해당하지 않는 것은?

(2020년 소방간부 기출)

① 전용구역에 물건 등을 쌓는 행위
② 전용구역 노면표지를 훼손하는 행위
③ 전용구역으로의 진입을 가로막는 행위
④ 전용구역의 앞면, 뒷면에 주차하는 행위
⑤ 「주차장법」 제19조에 따른 부설주차장의 주차구획 내에 주차하는 행위

48 「소방기본법 시행령」상 소방자동차 전용구역 방해행위의 기준에 관한 내용으로 옳지 않은 것은?

(2023년 경력채용 기출)

① 전용구역의 앞면, 뒷면 또는 양 측면에 물건 등을 쌓거나 주차하는 행위
② 「주차장법」 제19조에 따른 부설주차장의 주차구획 내에 주차하는 행위
③ 전용구역 진입로에 물건 등을 쌓거나 주차하여 전용구역으로의 진입을 가로막는 행위
④ 전용구역 노면표지를 지우거나 훼손하는 행위

해설

47 소방자동차 전용구역 방해행위의 기준

1. 전용구역에 물건 등을 쌓거나 주차하는 행위
2. 전용구역의 앞면, 뒷면 또는 양 측면에 물건 등을 쌓거나 주차하는 행위
   다만, 「주차장법」 제19조에 따른 부설주차장의 주차구획 내에 주차하는 경우는 제외한다.
3. 전용구역 진입로에 물건 등을 쌓거나 주차하여 전용구역으로의 진입을 가로막는 행위
4. 전용구역 노면표지를 지우거나 훼손하는 행위
5. 그 밖의 방법으로 소방자동차가 전용구역에 주차하는 것을 방해하거나 전용구역으로 진입하는 것을 방해하는 행위

48 오답피하기

② 「주차장법」 제19조에 따른 부설주차장의 주차구획 내에 주차하는 행위는 소방자동차 전용구역 방해행위에 해당하지 않는다.

정답 ≫ 47. ⑤ 48. ②

49 「소방기본법」 및 같은 법 시행령상 소방자동차 전용구역의 설치 등에 관한 설명으로 옳지 않은 것은?

(2019년 상반기 경력채용)

① 세대수가 100세대 이상인 아파트에는 소방자동차 전용구역을 설치하여야 한다.
② 소방본부장 또는 소방서장은 소방자동차가 접근하기 쉽고 소방활동이 원활하게 수행될 수 있도록 공동주택의 각 동별 전면 또는 후면에 소방자동차 전용구역을 1개소 이상 설치하여야 한다.
③ 전용구역 노면표지 도료의 색채는 황색을 기본으로 하되, 문자(P, 소방차 전용)는 백색으로 표시한다.
④ 소방자동차 전용구역에 차를 주차하거나 전용구역에의 진입을 가로막는 등의 방해행위를 한 자에게는 100만원 이하의 과태료를 부과한다.

50 「소방기본법 시행령」상 소방자동차 전용구역에 대한 내용으로 옳은 것은?

(2021년 경력채용 기출)

① 「건축법 시행령」상의 모든 아파트는 소방자동차 전용구역 설치 대상이다.
② 「주차장법」 제19조에 따른 부설주차장의 주차구획 내에 주차하는 것은 전용구역 방해행위에 해당한다.
③ 전용구역 노면표지 도료의 색체는 황색을 기본으로 하되, 문자(P, 소방차 전용)는 백색으로 표시한다.
④ 소방자동차 전용구역 설치 대상인 공동주택의 건축주는 각 동별 전면과 후면에 소방자동차 전용구역을 각 1개소 이상 예외없이 설치하여야 한다.

해설

49 오답피하기

② 공동주택의 건축주는 소방자동차가 접근하기 쉽고 소방활동이 원활하게 수행될 수 있도록 공동주택의 각 동별 전면 또는 후면에 소방자동차 전용구역을 1개소 이상 설치하여야 한다.

50 오답피하기

① 「건축법 시행령」상의 아파트 중 세대수가 100세대 이상인 아파트는 소방자동차 전용구역 설치 대상이다.
② 「주차장법」 제19조에 따른 부설주차장의 주차구획 내에 주차하는 것은 전용구역 방해행위에 해당하지 않는다.
④ 소방자동차 전용구역 설치 대상인 공동주택의 건축주는 각 동별 전면과 후면에 소방자동차 전용구역을 각 1개소 이상 예외 없이 설치하여야 한다. 다만, 하나의 전용구역에서 여러 동에 접근하여 소방활동이 가능한 경우로서 소방청장이 정하는 경우에는 각 동별로 설치하지 아니할 수 있다.

정답 ≫ 49. ② 50. ③

01 소방기본법

51 「소방기본법」및 같은 법 시행령상 소방자동차 전용구역 등에 대한 내용으로 옳지 않은 것은?

(2022년 기출)

① 소방자동차 전용구역의 설치 기준·방법, 방해행위의 기준, 그 밖에 필요한 사항은 대통령령으로 정한다.
② 전용구역에 주차하거나 전용구역에의 진입을 가로막는 등의 방해행위를 한 자에게는 200만원 이하의 과태료를 부과한다.
③ 「건축법 시행령」별표 1 제2호가목의 아파트 중 세대수가 100세대 이상인 아파트의 건축주는 소방활동의 원활한 수행을 위하여 공동주택에 소방자동차 전용구역을 설치하여야 한다.
④ 「건축법 시행령」별표 1 제2호라목의 기숙사 중 3층인 기숙사가 하나의 대지에 하나의 동(棟)으로 구성되고, 「도로교통법」제32조 또는 제33조에 따라 정차 또는 주차가 금지된 편도 2차선 이상의 도로에 직접 접하여 소방자동차가 도로에서 직접 소방활동이 가능한 경우 소방자동차 전용구역 설치대상에서 제외한다.

해설

51 오답피하기
② 전용구역에 주차하거나 전용구역에 진입을 가로막는 등의 방해행위를 한 자에게는 <u>100만원</u> 이하의 과태료를 부과한다.

정답 ≫ 51. ②

52 「소방기본법 시행령」상 소방자동차 전용구역의 설치 방법에 관한 내용이다. (   ) 안에 들어갈 내용으로 옳은 것은? (2023년 경력채용 기출)

- 전용구역 노면표지의 외곽선은 빗금무늬로 표시하되, 빗금은 두께를 (ㄱ)센티미터로 하여 (ㄴ)센티미터 간격으로 표시한다.
- 전용구역 노면표지 도료의 색채는 (ㄷ)을 기본으로 하되, 문자(P, 소방차 전용)는 백색으로 표시한다.

	ㄱ	ㄴ	ㄷ
①	20	40	황색
②	20	40	적색
③	30	50	황색
④	30	50	적색

53 「소방기본법 시행령」상 소방활동구역의 출입자로 옳지 않은 것은? (2019년 상반기 경력채용)

① 소방활동구역 안에 있는 소방대상물의 관계인
② 구조·구급업무에 종사하는 사람
③ 수사업무에 종사하는 사람
④ 시·도지사가 출입을 허가하는 사람

해설

52
- 전용구역 노면표지의 외곽선은 빗금무늬로 표시하되, 빗금은 두께를 (ㄱ. <u>30</u>)센티미터로 하여 (ㄴ. <u>50</u>)센티미터 간격으로 표시한다.
- 전용구역 노면표지 도료의 색채는 (ㄷ. <u>황색</u>)을 기본으로 하되, 문자(P, 소방차 전용)는 백색으로 표시한다.

53 오답피하기
④ <u>소방대장이 출입을 허가한 사람</u>

정답 ≫ 52. ③ 53. ④

01 소방기본법

54 「소방기본법」상 소방활동 종사 명령에 대한 설명으로 옳지 않은 것은? (2021년 공채 기출)

① 소방본부장 또는 소방서장은 화재 현장에서 소방활동 종사 명령을 할 수 있다.
② 소방활동 종사 명령은 관할구역에 사는 사람 또는 그 현장에 있는 사람을 대상으로 할 수 있다.
③ 소방활동에 종사한 사람은 소방본부장 또는 소방서장으로부터 소방활동의 비용을 지급받을 수 있다.
④ 소방본부장 또는 소방서장은 소방활동에 필요한 보호 장구를 지급하는 등 안전을 위한 조치를 하여야 한다.

55 「소방기본법」상 소방활동 종사 명령에 따라 소방활동에 종사한 사람은 시·도지사로부터 소방활동 비용을 지급받을 수 있다. 소방활동 비용을 지급받을 수 있는 사람으로 옳은 것은? (2021년 경력채용 기출)

① 과실로 화재를 발생시킨 사람
② 화재 현장에서 물건을 가져간 사람
③ 소방대상물에 화재가 발생한 경우 그 관계인
④ 화재 현장에서 불이 번지지 아니하도록 하는 일을 명령받은 사람

해설

54 오답피하기
③ 소방활동종사명령에 따라 소방활동에 종사한 사람은 시·도지사로부터 소방활동의 비용을 지급 받을 수 있다. 다만, 다음 각 호의 어느 하나에 해당하는 사람의 경우에는 그러하지 아니하다.

1. 소방대상물에 화재, 재난·재해, 그 밖의 위급한 상황이 발생한 경우 그 관계인
2. 고의 또는 과실로 화재 또는 구조·구급 활동이 필요한 상황을 발생시킨 사람
3. 화재 또는 구조·구급 현장에서 물건을 가져간 사람

55 오답피하기
④ 소방활동종사명령에 따라 소방활동에 종사한 사람은 시·도지사로부터 소방활동의 비용을 지급받을 수 있다. 다만, 다음 각 호의 어느 하나에 해당하는 사람의 경우에는 그러하지 아니하다.

1. 소방대상물에 화재, 재난·재해, 그 밖의 위급한 상황이 발생한 경우 그 관계인
2. 고의 또는 과실로 화재 또는 구조·구급 활동이 필요한 상황을 발생시킨 사람
3. 화재 또는 구조·구급 현장에서 물건을 가져간 사람

정답 >>> 54. ③ 55. ④

56 「소방기본법」상 사람을 구출하거나 불이 번지는 것을 막기 위하여 필요한 때에는 강제처분 등을 할 수 있다. 이와 같은 권한을 가진 자로 옳지 않은 것은? (2018년 하반기 경력채용)

① 행정안전부장관　　　② 소방본부장
③ 소방서장　　　　　　④ 소방대장

57 「소방기본법」상 소방활동에 필요한 처분(강제처분 등)을 할 수 있는 처분권자로 옳은 것은? (2019년 상반기 기출)

> ㉠ 소방서장　　㉡ 소방본부장
> ㉢ 소방대장　　㉣ 소방청장
> ㉤ 시·도지사

① ㉠, ㉡, ㉢　　　　② ㉠, ㉡, ㉣
③ ㉠, ㉢, ㉤　　　　④ ㉠, ㉣, ㉤

해설

56 소방본부장, 소방서장 또는 소방대장(현장3인방)은 사람을 구출하거나 불이 번지는 것을 막기 위하여 필요한 때에는 강제처분 등을 할 수 있다. (소방기본법 제25조 제1항)

57 소방본부장, 소방서장 또는 소방대장(현장3인방)은 사람을 구출하거나 불이 번지는 것을 막기 위하여 필요한 때에는 강제처분 등을 할 수 있다. (소방기본법 제25조 제1항)

정답 >> 56. ① 57. ①

01 소방기본법

58 「소방기본법」 제25조 제1항에 대한 내용이다. ( ) 안에 들어갈 말로 옳지 않은 것은?

(2022년 경력채용 기출)

( ), ( ) 또는 ( )은 사람을 구출하거나 불이 번지는 것을 막기 위하여 필요할 때에는 화재가 발생하거나 불이 번질 우려가 있는 소방대상물 및 토지를 일시적으로 사용하거나 그 사용의 제한 또는 소방활동에 필요한 처분을 할 수 있다.

① 소방청장
② 소방본부장
③ 소방서장
④ 소방대장

59 「소방기본법」상 강제처분과 위험시설 등에 대한 긴급조치에 관한 내용으로 옳지 않은 것은?

(2020년 경력채용 기출)

① 소방본부장, 소방서장 또는 소방대장은 사람을 구출하거나 불이 번지는 것을 막기 위하여 필요할 때에는 화재가 발생하거나 불이 번질 우려가 있는 소방대상물 및 토지를 일시적으로 사용하거나 그 사용의 제한 또는 소방활동에 필요한 처분을 할 수 있다.
② 소방본부장, 소방서장 또는 소방대장은 화재 진압 등 소방활동을 위하여 필요할 때에는 소방용수 외에 댐·저수지 또는 수영장 등의 물을 사용하거나 수도(水道)의 개폐장치 등을 조작할 수 있다.
③ 시·도지사는 소방활동에 방해가 되는 주차 또는 정차된 차량의 제거나 이동을 위하여 견인차량과 인력 등을 지원한 자에게 시·도의 조례로 정하는 바에 따라 비용을 지급할 수 있다.
④ 시·도지사는 화재 발생을 막거나 폭발 등으로 화재가 확대되는 것을 막기 위하여 가스·전기 또는 유류 등의 시설에 대하여 위험물질의 공급을 차단하는 등 필요할 조치를 할 수 있다.

해설

58 (소방본부장), (소방서장) 또는 (소방대장)은 사람을 구출하거나 불이 번지는 것을 막기 위하여 필요할 때에는 화재가 발생하거나 불이 번질 우려가 있는 소방대상물 및 토지를 일시적으로 사용하거나 그 사용의 제한 또는 소방 활동에 필요한 처분을 할 수 있다.

59 오답피하기
④ 소방본부장, 소방서장 또는 소방대장은 화재 발생을 막거나 폭발 등으로 화재가 확대되는 것을 막기 위하여 가스·전기 또는 유류 등의 시설에 대하여 위험물질의 공급을 차단하는 등 필요한 조치를 할 수 있다. (소방기본법 제27조 제2항)

정답 ≫ 58. ① 59. ④

60 「소방기본법」상 소방대장의 권한으로 옳지 않은 것은? (2022년 경력채용 기출)

① 소방활동에 필요한 소화전(消火栓)·급수탑(給水塔)·저수조(貯水槽)를 설치하고 유지·관리하여야 한다.
② 소방활동을 위하여 긴급하게 출동할 때에는 소방자동차의 통행과 소방활동에 방해가 되는 주차 또는 정차된 차량 및 물건 등을 제거하거나 이동시킬 수 있다.
③ 화재 발생을 막거나 폭발 등으로 화재가 확대되는 것을 막기 위하여 가스·전기 또는 유류 등의 시설에 대하여 위험물질의 공급을 차단하는 등 필요한 조치를 할 수 있다.
④ 화재, 재난·재해, 그 밖의 위급한 상황이 발생한 현장에서 소방활동을 위하여 필요할 때에는 그 관할구역에 사는 사람 또는 그 현장에 있는 사람으로 하여금 사람을 구출하는 일 또는 불을 끄거나 불이 번지지 아니하도록 하는 일을 하게 할 수 있다.

제4절 한국소방안전원

61 「소방기본법」상 한국소방안전원이 수행하는 업무에 대한 내용으로 옳지 않은 것은? (2021년 공채 기출)

① 소방기술과 안전관리에 관한 인허가 업무
② 소방기술과 안전관리에 관한 각종 간행물 발간
③ 소방기술과 안전관리에 관한 교육 및 조사·연구
④ 화재 예방과 안전관리의식 고취를 위한 대국민 홍보

해설

60 오답피하기
① 시·도지사는 소방활동에 필요한 소화전(消火栓)·급수탑(給水塔)·저수조(貯水槽)를 설치하고 유지·관리하여야 한다.

61 한국소방안전원의 업무
1. ③소방기술과 안전관리에 관한 교육 및 조사·연구
2. ②소방기술과 안전관리에 관한 각종 간행물 발간
3. ④화재 예방과 안전관리의식 고취를 위한 대국민 홍보
4. 소방업무에 관하여 행정기관이 위탁하는 업무
5. 소방안전에 관한 국제협력
6. 그 밖에 회원에 대한 기술지원 등 정관으로 정하는 사항

정답 ≫ 60. ① 61. ①

62 「소방기본법」 제41조에서 정한 한국소방안전원의 업무로 옳지 않은 것은? (2022년 경력채용 기출)
① 소방안전에 관한 국제협력
② 소방기술과 안전관리에 관한 교육 및 조사·연구
③ 화재 예방과 안전관리의식 고취를 위한 대국민 홍보
④ 소방장비의 품질 확보, 품질 인증 및 신기술·신제품에 관한 인증 업무

제5절 보 칙

63 「소방기본법」상 소방청장 또는 시·도지사가 손실보상심의위원회의 심사·의결에 따라 정당한 손실보상을 하여야 하는 대상으로 옳지 않은 것은? (2018년 하반기 기출)
① 생활안전활동에 따른 조치로 인하여 손실을 입은 자
② 화재가 확대되는 것을 막기 위하여 가스·전기 또는 유류 등의 시설에 대하여 위험물질의 공급을 차단하는 등의 조치로 인하여 손실을 입은 자
③ 소방활동 종사명령으로 인하여 사망하거나 부상을 입은 자
④ 소방활동에 방해가 되는 불법 주차 차량을 제거하거나 이동시키는 처분으로 인하여 손실을 입은 자

해설

62 오답피하기
④ 소방장비의 품질 확보, 품질 인증 및 신기술·신제품에 관한 인증 업무는 '한국소방산업기술원'의 업무에 해당한다.

63 오답피하기
④ 소방활동에 방해가 되는 불법 주차 차량을 제거하거나 이동시키는 처분으로 인하여 손실을 입은 자는 법령을 위반하여 소방자동차의 통행과 소방활동에 방해가 된 경우이므로 손실보상 대상에서 제외된다. (소방기본법 제49조의2 제1항)

정답 ≫ 62. ④ 63. ④

64 「소방기본법」 및 같은 법 시행령상 손실보상에 관한 설명 중 ( )안에 들어갈 숫자로 옳은 것은?

(2019년 상반기 기출)

- 손실보상을 청구할 수 있는 권리는 손실이 있음을 안 날부터 (가)년, 손실이 발생한 날부터 (나)년 간 행사하지 아니하면 시효의 완성으로 소멸한다.
- 소방청장등은 손실보상심의위원회의 심사·의결을 거쳐 특별한 사유가 없으면 보상금 지급 청구서를 받은 날부터 (다)일 이내에 보상금 지급 여부 및 보상금액을 결정하여야 한다.
- 소방청장등은 결정일부터 (라)일 이내에 행정안전부령으로 정하는 바에 따라 결정 내용을 청구인에게 통지하고, 보상금을 지급하기로 결정한 경우에는 특별한 사유가 없으면 통지한 날부터 (마)일 이내에 보상금을 지급하여야 한다.

	(가)	(나)	(다)	(라)	(마)
①	3	5	60	10	30
②	5	3	60	12	20
③	3	5	50	12	30
④	5	3	50	10	20

65 「소방기본법」 및 같은 법 시행령상 손실보상에 관한 내용 중 소방청장 또는 시·도지사가 '손실보상심의위원회'의 심사·의결에 따라 정당한 보상을 하여야 하는 대상으로 옳지 않은 것은?

(2019년 상반기 경력채용)

① 생활안전활동에 따른 조치로 인하여 손실을 입은 자
② 소방활동 종사 명령에 따른 소방활동 종사로 인하여 사망하거나 부상을 입은 자
③ 위험물 또는 물건의 보관기간 경과 후 매각이나 폐기로 손실을 입은 자
④ 소방기관 또는 소방대의 적법한 소방업무 또는 소방활동으로 인하여 손실을 입은 자

해설

64
- 손실보상을 청구할 수 있는 권리는 손실이 있음을 안 날부터 (㉮ 3)년, 손실이 발생한 날부터 (㉯ 5)년간 행사하지 아니하면 시효의 완성으로 소멸한다.
- 소방청장등은 손실보상심의위원회의 심사·의결을 거쳐 특별한 사유가 없으면 보상금 지급 청구서를 받은 날부터 (㉰ 60)일 이내에 보상금 지급 여부 및 보상금액을 결정하여야 한다.
- 소방청장등은 결정일부터 (㉱ 10)일 이내에 행정안전부령으로 정하는 바에 따라 결정 내용을 청구인에게 통지하고, 보상금을 지급하기로 결정한 경우에는 특별한 사유가 없으면 통지한 날부터 (㉲ 30)일 이내에 보상금을 지급하여야 한다.

65 오답피하기
③ 위험물 또는 물건의 보관기관 경과 후 매각이나 폐기로 손실을 입은 자에 대한 보상은 소방관서장이 소유자와 협의를 거쳐 이를 보상하여야 한다.

정답 >> 64. ① 65. ③

66 「소방기본법 시행령」상 규정하고 있는 설명으로 (   )안에 들어갈 숫자를 옳게 연결한 것은?

(2018년 하반기 경력 채용)

가. 화재경계지구에서 소방본부장 또는 소방서장은 소방상 필요한 훈련 및 교육을 실시하고자 하는 때에는 화재경계지구 안의 관계인에게 훈련 또는 교육 (㉠)일 전까지 그 사실을 통보하여야 한다.

나. 특수가연물의 쌓는 높이는 (㉡)미터 이하가 되도록 하고, 쌓는 부분의 바닥면적은 50제곱미터(석탄·목탄류의 경우에는 200제곱미터) 이하가 되도록 할 것. 다만, 살수설비를 설치하거나, 방사능력 범위에 해당 특수가연물이 포함되도록 대형수동식소화기를 설치하는 경우에는 쌓는 높이를 (㉢)미터이하, 쌓는 부분의 바닥면적을 200제곱미터(석탄·목탄류의 경우에는 300제곱미터) 이하로 할 수 있다.

다. 소방청장 등은 손실보상심의위원회의 심사·의결을 거쳐 특별한 사유가 없으면 보상금 지급 청구서를 받은 날부터 (㉣)일 이내에 보상금 지급 여부 및 보상금액을 결정하여야 한다.

㉣ 소방청장 등은 보상금 지급여부 및 보상금액 결정일부터 (㉤)일 이내에 행정안전부령으로 정하는 바에 따라 결정 내용을 청구인에게 통지하고, 보상금을 지급하기로 결정한 경우에는 특별한 사유가 없으면 통지한 날부터 (㉥)일 이내에 보상금을 지급하여야 한다.

	㉠	㉡	㉢	㉣	㉤	㉥
①	7	7	14	40	15	30
②	7	10	15	60	15	20
③	10	7	14	40	10	20
④	10	10	15	60	10	30

해설

66
가. 화재경계지구에서 소방본부장 또는 소방서장은 소방상 필요한 훈련 및 교육을 실시하고자 하는 때에는 화재경계지구 안의 관계인에게 훈련 또는 교육 (㉠ 10)일 전까지 그 사실을 통보하여야 한다.

나. 특수가연물의 쌓는 높이는 (㉡ 10)미터 이하가 되도록 하고, 쌓는 부분의 바닥면적은 50제곱미터(석탄·목탄류의 경우에는 200제곱미터) 이하가 되도록 할 것. 다만, 살수설비를 설치하거나, 방사능력 범위에 해당 특수가연물이 포함되도록 대형수동식소화기를 설치하는 경우에는 쌓는 높이를 (㉢ 15)미터이하, 쌓는 부분의 바닥면적을 200제곱미터(석탄·목탄류의 경우에는 300제곱미터) 이하로 할 수 있다.

다. 소방청장 등은 손실보상심의위원회의 심사·의결을 거쳐 특별한 사유가 없으면 보상금 지급 청구서를 받은 날부터 (㉣ 60)일 이내에 보상금 지급 여부 및 보상금액을 결정하여야 한다.

라. 소방청장 등은 보상금 지급여부 및 보상금액 결정일부터 (㉤ 10)일 이내에 행정안전부령으로 정하는 바에 따라 결정 내용을 청구인에게 통지하고, 보상금을 지급하기로 결정한 경우에는 특별한 사유가 없으면 통지한 날부터 (㉥ 30)일 이내에 보상금을 지급하여야 한다.

정답 》 66. ④

67 「소방기본법 시행령」상 손실보상에 대한 내용으로 옳지 않은 것은?   (2021년 경력채용 기출)

① 손실보상심의위원회 위원의 임기는 2년으로 하며, 한 차례만 연임할 수 있다.
② 손실보상심의위원회는 위원장 1명을 포함하여 7명 이상 9명 이하의 위원으로 구성한다.
③ 소방청장등은 보상금을 지급하기로 결정한 경우에는 특별한 사유가 없으면 통지한 날부터 30일 이내에 보상금을 지급하여야 한다.
④ 소방청장등은 손실보상심의위원회의 심사·의결을 거쳐 특별한 사유가 없으면 보상금 지급 청구서를 받은 날부터 60일 이내에 보상금 지급 여부 및 보상금액을 결정하여야 한다.

제6절 벌 칙

68 「소방기본법」상 위력(威力)을 사용하여 출동한 소방대의 화재진압·인명구조 또는 구급활동을 방해하는 행위를 한 경우 벌칙 규정은?   (2017년 하반기 기출)

① 5년 이하의 징역 또는 5천만원 이하의 벌금
② 3년 이하의 징역 또는 3천만원 이하의 벌금
③ 1년 이하의 징역 또는 1천만원 이하의 벌금
④ 300만원 이하의 벌금

해설

67 오답피하기
② 손실보상심의위원회는 위원장 1명을 포함하여 <u>5명 이상 7명 이하</u>의 위원으로 구성한다.

68 「소방기본법」상 위력(威力)을 사용하여 출동한 소방대의 화재진압·인명구조 또는 구급활동을 방해하는 행위를 한 사람은 5년 이하의 징역 또는 5천만원 이하의 벌금에 처한다. (소방기본법 제50조)

정답 ≫ 67. ② 68. ①

01 소방기본법

69 「소방기본법」상 과태료 부과대상으로 옳은 것은? (2019년 상반기 경력채용 기출 변형)

① 화재 또는 구조·구급이 필요한 상황을 거짓으로 알린 사람
② 정당한 사유없이 생활안전활동을 방해한 자
③ 소방자동차가 화재진압 및 구조활동을 위하여 출동할 때, 소방자동차의 출동을 방해한 사람
④ 소방활동 종사 명령에 따라 사람을 구출하는 일 또는 불을 끄거나 불이 번지지 아니하도록 하는 일을 방해한 사람

70 「소방기본법」 제52조 및 제54조의 벌칙 기준으로 옳지 않은 것은? (2022년 경력채용 기출 변형)

① 정당한 사유 없이 물의 사용이나 수도의 개폐장치의 사용 또는 조작을 하지 못하게 하거나 방해한 자 : 100만원 이하의 벌금
② 정당한 사유 없이 소방대가 현장에 도착할 때까지 사람을 구출하는 조치 또는 불을 끄거나 불이 번지지 아니하도록 하는 조치를 하지 아니한 사람 : 100만원 이하의 벌금
③ 소방활동을 위하여 긴급하게 출동할 때에는 소방자동차의 통행과 소방활동에 방해가 되는 주차 또는 정차된 차량 및 물건 등을 제거하거나 이동하는 처분을 방해한 자 : 300만원 이하의 벌금
④ 화재, 재난·재해, 그 밖의 위급한 상황이 발생하여 사람의 생명을 위험하게 할 것으로 인정할 때에는 일정한 구역을 지정하여 그 구역에 있는 사람에게 그 구역 밖으로 피난할 것에 대한 명령을 위반한 사람 : 300만원 이하의 벌금

해설

69 ① 500만원 이하의 과태료
② 100만원 이하의 벌금
③ 5년 이하의 징역 또는 5천만원 이하의 벌금
④ 5년 이하의 징역 또는 5천만원 이하의 벌금

70 오답피하기
④ 화재, 재난·재해, 그 밖의 위급한 상황이 발생하여 사람의 생명을 위험하게 할 것으로 인정할 때에는 일정한 구역을 지정하여 그 구역에 있는 사람에게 그 구역 밖으로 피난할 것에 대한 명령을 위반한 사람 : 100만원 이하의 벌금

정답 ≫ 69. ① 70. ④

71 「소방기본법」상 벌칙 중 벌금의 상한이 나머지 셋과 다른 것은? (2023년 공채 기출)

① 정당한 사유 없이 소방대의 생활안전활동을 방해한 자
② 화재진압 및 구조·구급 활동을 위하여 출동하는 소방자동차의 출동을 방해한 사람
③ 정당한 사유 없이 화재진압 등 소방활동을 위하여 필요할 때 물의 사용이나 수도의 개폐장치의 사용 또는 조작을 하지 못하게 하거나 방해한 자
④ 정당한 사유 없이 소방대가 현장에 도착할 때까지 사람을 구출하는 조치 또는 불을 끄거나 불이 번지지 아니하도록 하는 조치를 하지 아니한 관계인

해설

71 ① 100만원 이하의 벌금
   ② 5년 이하의 징역 또는 5천만원 이하의 벌금
   ③ 100만원 이하의 벌금
   ④ 100만원 이하의 벌금

정답 ≫ 71. ②

Chapter 02 소방시설 설치 및 관리에 관한 법률

제1절 총칙

01 다음 중 물분무등소화설비에 해당하지 않은 것은? (2017년 소방간부 기출)
① 옥내소화전설비
② 강화액소화설비
③ 포소화설비
④ 분말소화설비
⑤ 할로겐화합물 및 불활성기체 소화설비

02 「소방시설 설치 및 관리에 관한 법률 시행령」상 피난구조설비 중 인명구조기구로 옳지 않은 것은? (2018년 하반기 경력채용)
① 구조대
② 방열복
③ 공기호흡기
④ 인공소생기

해설

01 물분무등소화설비

물분무소화설비, 미분무소화설비, 포소화설비, 강화액소화설비, 이산화탄소소화설비
할론소화설비, 할로겐화합물 및 불활성기체 소화설비, 분말소화설비, 고체에어로졸소화설비

02 피난구조설비 중 인명구조기구

1) 방열복/ 방화복(안전헬멧, 보호장갑 및 안전화를 포함한다)
2) 공기호흡기
3) 인공소생기

오답피하기
① 구조대는 피난구조설비 중 피난기구에 해당한다.

정답 ≫ 01. ① 02. ①

03 「소방시설 설치 및 관리에 관한 법률 시행령」상 피난구조설비로 옳지 않은 것은?

(2020년 공채 기출)

① 구조대 ② 방열복
③ 시각경보기 ④ 비상조명등

04 화재진압 및 인명구조 활동을 위하여 사용하는 소화활동설비로 적합하지 않은 것은?

(2018년 소방간부 기출)

① 제연설비 ② 소화수조
③ 연소방지설비 ④ 비상콘센트설비
⑤ 연결살수설비

해설

03 오답피하기
① 구조대 : 피난구조설비 중 피난기구
② 방열복 : 피난구조설비 중 인명구조기구
③ 시각경보기 : 경보설비
④ 비상조명등 : 피난구조설비

04 소화활동설비의 종류

> 연결살수설비, 연소방지설비, 연결송수관설비, 무선통신보조설비, 비상콘센트설비, 제연설비

오답피하기
② 소화수조는 소화용수설비 이다.

정답 ≫ 03. ③ 04. ②

02 소방시설 설치 및 관리에 관한 법률

05 「소방시설 설치 및 관리에 관한 법률 시행령」상 소방시설 중 소화활동설비에 해당하지 않는 것은?

(2018년 소방안전교육사)

① 물분무등소화설비
② 무선통신보조설비
③ 연결송수관설비
④ 연결살수설비

06 「소방시설 설치 및 관리에 관한 법률 시행령」상 소방시설 중 소화활동설비로 옳지 않은 것은?

(2022년 기출)

① 제연설비, 연결송수관설비
② 비상콘센트설비, 연결살수설비
③ 무선통신보조설비, 연소방지설비
④ 연결송수관설비, 비상조명등설비

해설

05 소화활동설비
1) 연결송수관설비
2) 연결살수설비
3) 연소방지설비
4) 무선통신보조설비
5) 비상콘센트설비
6) 제연설비

오답피하기
① 물분무등소화설비는 '소화설비'에 해당한다.

06 오답피하기
④ 비상조명등설비는 '피난구조설비'에 해당한다.

정답 ≫ 05. ① 06. ④

07 「소방시설 설치 및 관리에 관한 법률 시행령」상 소방시설의 설비 분류가 다른 것은?

(2021년 소방간부 기출)

① 상수도소화용수설비
② 연결송수관설비
③ 연결살수설비
④ 연소방지설비
⑤ 무선통신보조설비

08 「소방시설 설치 및 관리에 관한 법률 시행령」상 소방시설의 설치·유지 및 안전관리에 관한 설명으로 옳은 것은?

(2017년 소방간부 기출)

① 무창층에 설치되는 개구부의 크기는 지름 70cm의 원이 내접할 수 있어야 한다.
② 지하구란 곧바로 지상으로 갈 수 있는 출입구가 있는 층을 말한다.
③ 화재를 진압하는 데 필요한 물을 공급하거나 저장하는 설비를 소화활동설비라 한다.
④ 방열복, 공기호흡기, 공기안전매트는 피난구조설비이다.
⑤ 옥내소화전설비, 포소화설비, 소화기구, 연결송수관설비 등은 소화설비에 해당한다.

해설

07 오답피하기
① 상수도소화용수설비 (소화용수설비)
② 연결송수관설비 (소화활동설비)
③ 연결살수설비 (소화활동설비)
④ 연소방지설비 (소화활동설비)
⑤ 무선통신보조설비 (소화활동설비)

08 오답피하기
① 무창층에 설치되는 개구부의 크기는 지름 50cm의 원이 내접할 수 있어야 한다.
② 피난층이란 곧바로 지상으로 갈 수 있는 출입구가 있는 층을 말한다.
③ 화재를 진압하는 데 필요한 물을 공급하거나 저장하는 설비를 소화용수설비라 한다.
⑤ 옥내소화전설비, 포소화설비, 소화기구, 연결송수관설비(소화활동설비) 등은 소화설비에 해당한다.

정답 ≫ 07. ① 08. ④

02 소방시설 설치 및 관리에 관한 법률

09 소방시설에 대한 설명으로 옳지 않은 것은? (2017년 소방간부 기출)

① 소화설비란 물 또는 그 밖의 소화약제를 사용하여 소화하는 기계·기구 또는 설비로서 소화기구, 자동소화장치, 옥내·옥외소화전설비, 스프링클러설비 등이 있다.
② 경보설비란 화재발생 사실을 통보하는 기계·기구 또는 설비로서 단독경보형감지기, 비상경보설비, 자동화재탐지설비 등이 있다.
③ 피난구조설비란 화재가 발생하는 경우 피난하기 위하여 사용하는 기구 또는 설비로서 피난기구, 인명구조기구, 유도등, 비상조명등 및 휴대용비상조명등이 있다.
④ 소화용수설비란 화재진압에 필요한 물을 공급하거나 저장하는 설비로서 상수도소화용수설비, 소화수조, 저수조 등이 있다.
⑤ 소화활동설비란 화재를 진압하거나 인명구조활동을 위하여 사용하는 설비로서 비상방송설비, 자동화재속보설비, 피난사다리, 완강기 등이 있다.

10 「소방시설 설치 및 관리에 관한 법률」상 소방용품 중 경보설비를 구성하는 제품 또는 기기가 아닌 것은? (2018년 소방안전교육사)

① 수신기
② 기동용수압개폐장치
③ 누전경보기
④ 중계기

해설

09 소화활동설비

| 1) 연결송수관설비 | 2) 연결살수설비 | 3) 연소방지설비 |
| 4) 무선통신보조설비 | 5) 비상콘센트설비 | 6) 제연설비 |

오답피하기
⑤ 비상방송설비, 자동화재속보설비는 경보설비이고, 피난사다리, 완강기는 피난구조설비 중 피난기구이다.

10 ② 기동용수압개폐장치는 <u>소화설비</u>를 구성하는 제품 또는 기기에 해당한다.

정답 >> 09. ⑤ 10. ②

11 「소방시설 설치 및 관리에 관한 법률 시행령」상 소방용품 중 경보설비를 구성하는 제품 또는 기기로 옳지 않은 것은? (2021년 기출)

① 수신기
② 감지기
③ 누전차단기
④ 가스누설경보기

12 「소방시설 설치 및 관리에 관한 법률 시행령」상 무창층이 되기 위한 개구부의 요건 중 일부를 나타낸 것이다. ( )안의 내용으로 옳은 것은? (2019년 상반기 경력채용 기출 변형)

- 크기는 지름 (가)센티미터 이상의 원이 통과할 수 있는 크기일 것
- 해당 층의 바닥면으로부터 개구부 (나)까지의 높이가 (다)미터 이내일 것

	(가)	(나)	(다)
①	50	윗부분	1.2
②	50	밑부분	1.2
③	50	밑부분	1.5
④	60	밑부분	1.2

해설

11 오답피하기
③ 누전경보기가 경보설비를 구성하는 제품 또는 기기에 해당된다.

12
- 크기는 지름 (㉮ 50)센티미터 이상의 원이 통과할 수 있는 크기일 것
- 해당 층의 바닥면으로부터 개구부 (㉯ 밑부분)까지의 높이가 (㉰ 1.2)미터 이내일 것

정답 ≫ 11. ③ 12. ②

13 「소방시설 설치 및 관리에 관한 법률 시행령」상 무창층(無窓層)이란 지상층 중 개구부 면적의 합계가 해당 층 바닥면적의 30분의 1 이하가 되는 층을 말한다. 이때 개구부가 갖추어야 할 요건으로 옳지 않은 것은? (2021년 소방간부 기출)

① 크기는 지름 50센티미터 이상의 원이 통과할 수 있는 크기일 것
② 해당 층의 바닥면으로부터 개구부 밑부분까지의 높이가 0.8미터 이내일 것
③ 도로 또는 차량이 진입할 수 있는 빈터를 향할 것
④ 화재 시 건축물로부터 쉽게 피난할 수 있도록 창살이나 그 밖의 장애물이 설치되지 아니할 것
⑤ 내부 또는 외부에서 쉽게 부수거나 열 수 있을 것

14 「소방시설 설치 및 관리에 관한 법률 시행령」상 무창층의 개구부 요건을 설명한 것으로 옳지 않은 것은? (2023년 경력채용 기출)

① 도로 또는 차량이 진입할 수 있는 빈터를 향해야 한다.
② 내부 또는 외부에서 쉽게 열리지 않는 구조여야 한다.
③ 크기는 지름 50센티미터 이상의 원이 통과할 수 있어야 한다.
④ 해당 층의 바닥면으로부터 개구부 밑부분까지의 높이가 1.2미터 이내여야 한다.

해설

13 오답피하기
② 해당 층의 바닥면으로부터 개구부 밑부분까지의 높이가 <u>1.2미터 이내일 것</u>

14 오답피하기
② 내부 또는 외부에서 쉽게 부수거나 열 수 있는 구조여야 한다.

정답 ≫ 13. ② 14. ②

15 「소방시설 설치 및 관리에 관한 법률 시행령」상 의료시설에 해당되는 특정소방대상물을 모두 고른 것은?

(2020년 공채 기출)

> ㉠ 노인의료복지시설　　　　　㉡ 정신의료기관
> ㉢ 마약진료소　　　　　　　　㉣ 한방의원

① ㉠, ㉢　　　　　　　　② ㉠, ㉣
③ ㉡, ㉢　　　　　　　　④ ㉢, ㉣

16 「소방시설 설치 및 관리에 관한 법률 시행령」상 특정소방대상물의 구분으로 옳은 것은?

(2018년 하반기 기출)

① 운동시설 - 관람석의 바닥면적의 합계가 1,000제곱미터 이상인 체육관
② 관광 휴게시설 - 어린이회관
③ 교육연구시설 - 자동차운전학원
④ 동물 및 식물 관련시설 - 식물원

해설

15 의료시설
1) 병원 : 종합병원, 병원, 치과병원, 한방병원, 요양병원
2) 격리병원 : 전염병원, ㉢ 마약진료소
3) ㉡ 정신의료기관
4) 장애인 의료재활시설

오답피하기
㉠ 노인의료복지시설(노유자시설)
㉣ 한방의원(근린생활시설)

16 **오답피하기**
① 운동시설 - 관람석의 바닥면적의 합계가 1,000제곱미터 미만인 체육관
③ 항공기 및 자동차 관련 시설 - 자동차운전학원
④ 문화 및 집회시설 중 동·식물원 - 식물원

정답 ≫ 15. ③ 16. ②

02 소방시설 설치 및 관리에 관한 법률

17 「소방시설 설치 및 관리에 관한 법률 시행령」상 특정소방대상물의 분류로 옳지 않은 것은?

(2018년 하반기 경력채용)

① 근린생활시설 – 한의원, 치과의원
② 문화 및 집회시설 – 동물원, 식물원
③ 항공기 및 자동차 관련시설 – 항공기격납고
④ 숙박시설 – 「청소년활동 진흥법」에 따른 유스호스텔

18 「소방시설 설치 및 관리에 관한 법률 시행령」상 특정소방대상물 중 지하구에 관한 설명이다. ( ) 안의 내용으로 옳은 것은?

(2019년 상반기 경력채용 변형)

- 전력·통신용의 전선이나 가스·냉난방용의 배관 또는 이와 비슷한 것을 집합수용하기 위하여 설치한 지하 인공구조물로서 사람이 점검 또는 보수를 하기 위하여 출입이 가능 한 것 중 다음의 어느 하나에 해당하는 것
  1) 전력 또는 통신사업용 지하 인공구조물로서 전력구(케이블 접속부가 없는 경우에는 제외한다) 또는 통신구 방식으로 설치된 것
  2) 1)외의 지하 인공구조물로서 폭이 (가) 이상이고 높이가 (나) 이상이며 길이가 (다) 이상인 것
- 「국토의 계획 및 이용에 관한 법률」 제2조 제9호에 따른 (라)

	(가)	(나)	(다)	(라)
①	1.5m	2m	50m	공동구
②	1.5m	1.8m	30m	지하가
③	1.8m	2m	50m	공동구
④	1.8m	1.8m	50m	지하가

해설

17 오답피하기

④ 수련시설 – 「청소년활동 진흥법」에 따른 유스호스텔

18
- 전력·통신용의 전선이나 가스·냉난방용의 배관 또는 이와 비슷한 것을 집합수용하기 위하여 설치한 지하 인공구조물로서 사람이 점검 또는 보수를 하기 위하여 출입이 가능 한 것 중 다음의 어느 하나에 해당하는 것
  1) 전력 또는 통신사업용 지하 인공구조물로서 전력구(케이블 접속부가 없는 경우에는 제외한다) 또는 통신구 방식으로 설치된 것
  2) 1)외의 지하 인공구조물로서 폭이 ㉮ 1.8m 이상이고 높이가 ㉯ 2m 이상이며 길이가 ㉰ 50m 이상인 것
- 「국토의 계획 및 이용에 관한 법률」 제2조 제9호에 따른 ㉱ 공동구

정답 ≫ 17. ④ 18. ③

19 「소방시설 설치 및 관리에 관한 법률」 및 같은 법 시행령상 특정소방대상물에 관한 내용으로 옳은 것은?
(2020년 경력채용 기출 변형)

① "특정소방대상물"이란 소방시설을 설치하여야 하는 소방대상물로서 행정안전부령으로 정하는 것을 말한다.
② 가스·냉난방용의 배관을 집합수용하기 위하여 설치한 지하 인공구조물로서 사람이 점검 또는 보수를 하기 위하여 폭 1.5m, 높이 1.8m, 길이 30m인 것은 지하구에 해당한다.
③ 하나의 건축물이 근린생활시설, 판매시설, 업무시설, 숙박시설 또는 위락시설의 용도와 주택의 용도로 함께 사용되는 것은 복합건축물에 해당한다.
④ 다중이용업 중 고시원업의 시설로서 독립된 주거의 형태를 갖추지 않은 것으로서 같은 건축물에 해당 용도로 쓰는 바닥면적의 합계가 450m²인 고시원은 숙박시설에 해당한다.

---

19 오답피하기

① "특정소방대상물"이란 소방시설을 설치하여야 하는 소방대상물로서 <u>대통령령</u>으로 정하는 것을 말한다.
② 가스·냉난방용의 배관을 집합수용하기 위하여 설치한 지하 인공구조물로서 사람이 점검 또는 보수를 하기 위하여 <u>폭 1.8m 이상이고</u>(폭 1.5m는 해당안됨), <u>높이 2m 이상이며</u>(높이 1.8m는 해당안됨), <u>길이 50m 이상</u>(길이 30m는 해당안됨)인 것은 지하구에 해당한다.
④ 다중이용업 중 고시원업의 시설로서 독립된 주거의 형태를 갖추지 않은 것으로서 같은 건축물에 해당용도로 쓰는 바닥면적의 합계가 500m² 미만인 것(450m²인 고시원)은 <u>근린생활시설</u>에 해당한다.

정답 》 19. ③

02 소방시설 설치 및 관리에 관한 법률

20 「소방시설 설치 및 관리에 관한 법률 시행령」상 스프링클러설비를 설치하여야 하는 특정소방대상물이 아닌 것은?

(2021년 소방간부 기출)

① 수용인원이 200명인 박물관
② 지하층에 있는 바닥면적이 300㎡인 영화상영관
③ 바닥면적 합계가 1,000㎡인 한방병원
④ 바닥면적 합계가 6,000㎡인 물류터미널
⑤ 바닥면적 합계가 10,000㎡인 농수산물공판장

해설

20 ① 수용인원이 100명 이상인 문화 및 집회시설의 경우에는 모든 층에 설치해야 하므로 수용인원이 200명인 박물관은 설치대상에 해당된다.
③ 의료시설 중 종합병원, 병원, 치과병원, 한방병원 및 요양병원은 바닥면적이 600㎡ 이상인 경우에는 모든 층에 설치해야 하므로 바닥면적이 1,000㎡인 한방병원은 설치대상에 해당된다.
④ 판매시설, 운수시설 및 창고시설(물류터미널에 한정한다)로서 바닥면적의 합계가 5,000㎡ 이상이거나 수용인원이 500명 이상인 경우에는 모든 층에 설치해야 하므로 바닥면적의 합계가 6,000㎡인 물류터미널은 설치대상에 해당된다.
⑤ 농수산물공판장은 판매시설에 해당하므로 바닥면적의 합계가 10,000㎡ 인 경우에는 스프링클러설치 대상에 해당된다.

오답피하기
② 영화상영관의 영도로 쓰이는 층의 바닥면적이 지하층 또는 무창층인 경우에는 500㎡ 이상, 그 밖의 층의 경우에는 1천㎡ 이상인 것에 설치해야 하므로 지하층에 있는 바닥면적이 300㎡인 영화상영관의 경우에는 설치대상에 해당하지 않는다.

정답 ≫ 20. ②

21 「소방시설 설치 및 관리에 관한 법률 시행령」상 특정소방대상물 중 근린생활시설로 옳지 않은 것은?

(2021년 경력채용 기출)

① 같은 건축물에 금융업소로 쓰는 바닥면적의 합계가 200제곱미터인 것
② 같은 건축물에 단란주점으로 쓰는 바닥면적의 합계가 300제곱미터인 것
③ 같은 건축물에 골프연습장으로 쓰는 바닥면적의 합계가 450제곱미터인 것
④ 같은 건축물에 미용원으로 쓰는 바닥면적의 합계가 800제곱미터인 것

해설

21 ① 같은 건축물에 금융업소로 쓰는 바닥면적의 합계가 200제곱미터인 것 (500제곱미터 미만인 것)
③ 같은 건축물에 골프연습장으로 쓰는 바닥면적의 합계가 450제곱미터인 것 (500제곱미터 미만인 것)
④ 같은 건축물에 미용원으로 쓰는 바닥면적의 합계가 800제곱미터인 것 (면적에 상관없이 해당된다.)

오답피하기

② 같은 건축물에 단란주점으로 쓰는 바닥면적의 합계가 300제곱미터인 것
(단란주점은 150제곱미터 미만이 근린생활시설의 기준이므로 300제곱미터인 단란주점은 근린생활시설이 아닌 위락시설에 해당하게된다.)

정답 ≫ 21. ②

소방시설 설치 및 관리에 관한 법률

22 「소방시설 설치 및 관리에 관한 법률 시행령」상 〈보기〉는 둘 이상의 특정소방대상물이 내화구조로 된 연결통로로 연결된 경우 이를 하나의 소방대상물로 보는 기준에 대한 설명이다. (   ) 안에 들어갈 내용으로 옳은 것은?

(2021 경력채용 기출)

- 벽이 없는 구조로서 그 길이가 (가) 이하인 경우
- 벽이 있는 구조로서 그 길이가 (나) 이하인 경우
  다만, 벽 높이가 바닥에서 천장까지의 높이의 (다) 이상인 경우에는 벽이 있는 구조로 보고, 벽 높이가 바닥에서 천장까지의 높이의 (다) 미만인 경우에는 벽이 없는 구조로 본다.

	(가)	(나)	(다)
①	6m	10m	2분의 1
②	7m	12m	3분의 1
③	8m	10m	2분의 1
④	9m	12m	3분의 1

해설

22
- 벽이 없는 구조로서 그 길이가 (㉮ 6m) 이하인 경우
- 벽이 있는 구조로서 그 길이가 (㉯ 10m) 이하인 경우.
  다만, 벽 높이가 바닥에서 천장까지의 높이의 (㉰ 2분의 1) 이상인 경우에는 벽이 있는 구조로 보고, 벽 높이가 바닥에서 천장까지의 높이의 (㉰ 2분의 1) 미만인 경우에는 벽이 없는 구조로 본다.

정답 ≫ 22. ①

제2절 소방시설등의 설치·관리 및 방염

23 「소방시설 설치 및 관리에 관한 법률 시행령」상 건축 허가 등을 할 때 미리 소방본부장 또는 소방서장의 동의를 받아야 하는 건축물 등의 범위로 옳지 않은 것은? (2018년 하반기 기출 변형)

① 연면적이 200제곱미터 이상인 정신의료기관(입원실이 없는 정신건강의학과 의원은 제외)
② 지하층 또는 무창층이 있는 건축물로서 바닥면적이 150제곱미터(공연장의 경우에는 100제곱미터) 이상인 층이 있는 것
③ 차고·주차장으로 사용되는 바닥면적이 200제곱미터 이상인 층이 있는 건축물이나 주차시설
④ 결핵환자나 한센인이 24시간 생활하는 노유자시설(단독주택 또는 공동주택에 설치되는 시설은 제외)

24 「소방시설 설치 및 관리에 관한 법률 시행령」상 건축허가등의 동의대상물의 범위에 해당되는 것으로 옳은 것은? (2019년 상반기 경력채용 기출 변형)

ㄱ. 항공기격납고, 관망탑, 방송용 송수신탑
ㄴ. 「학교시설사업 촉진법」제5조의2제1항에 따라 건축 등을 하려는 학교시설은 100제곱미터 이상인 건축물
ㄷ. 차고·주차장으로 사용되는 바닥면적이 150제곱미터 이상인 층이 있는 건축물이나 주차시설
ㄹ. 장애인 의료재활시설은 300제곱미터 이상인 건축물

① ㄱ, ㄴ, ㄷ
② ㄱ, ㄴ, ㄹ
③ ㄱ, ㄷ, ㄹ
④ ㄴ, ㄷ, ㄹ

해설

23 오답피하기
① 연면적이 <u>300제곱미터 이상인</u> 정신의료기관(입원실이 없는 정신건강의학과 의원은 제외)

24 오답피하기
ㄱ. 항공기격납고, 관망탑, 방송용 송수신탑 (○)
ㄴ. 「학교시설사업 촉진법」제5조의2제1항에 따라 건축 등을 하려는 학교시설은 100제곱미터 이상인 건축물 (○)
ㄷ. 차고·주차장으로 사용되는 바닥면적이 <u>200제곱미터</u> 이상인 층이 있는 건축물이나 주차시설 (×)
ㄹ. 장애인 의료재활시설은 300제곱미터 이상인 건축물 (○)

정답 ≫ 23. ① 24. ②

02 소방시설 설치 및 관리에 관한 법률

25 「소방시설 설치 및 관리에 관한 법률 시행령」상 건축물 등의 신축·증축·개축·재축·이전·용도변경 또는 대수선의 허가 협의 및 사용승인을 할 때 미리 소방본부장 또는 소방서장의 동의를 받아야 하는 건축물 등의 범위로 옳은 것만을 〈보기〉에서 고른 것은? (2023년 소방간부 기출)

> ㄱ. 노유자시설 및 수련시설 : 100제곱미터 이상
> ㄴ. 항공기 격납고, 관망탑, 항공관제탑, 방송용 송수신탑
> ㄷ. 승강기 등 기계장치에 의한 주차시설로서 자동차 15대 이상을 주차할 수 있는 시설
> ㄹ. 차고·주차장으로 사용되는 바닥면적이 200제곱미터 이상인 층이 있는 건축물이나 주차시설
> ㅁ. 지하층 또는 무창층이 있는 건축물로서 바닥면적이 150제곱미터(공연장의 경우에는 100제곱미터) 이상인 층이 있는 것

① ㄱ, ㄴ, ㄷ
② ㄱ, ㄴ, ㄹ
③ ㄱ, ㄷ, ㄹ
④ ㄴ, ㄷ, ㅁ
⑤ ㄴ, ㄹ, ㅁ

26 「소방시설 설치 및 관리에 관한 법률 시행령」상 건축물 등의 신축·증축·개축·재축·이전·용도변경 또는 대수선의 허가·협의 및 사용승인을 할 때 미리 소방본부장 또는 소방서장의 동의를 받아야 하는 건축물 등의 범위로 옳지 않은 것은? (2023년 공채 기출)

① 연면적 100제곱미터 이상인 특정소방대상물 중 노유자(老幼者) 시설 및 수련시설
② 「학교시설사업 촉진법」에 따라 건축등을 하려는 연면적 100제곱미터 이상의 학교시설
③ 지하층 또는 무창층이 있는 건축물로서 바닥면적이 150제곱미터(공연장의 경우에는 100제곱미터) 이상인 층이 있는 것
④ 차고·주차장 또는 주차 용도로 사용되는 시설로서 차고·주차장으로 사용되는 바닥면적이 200제곱미터 이상인 층이 있는 건축물이나 주차시설

해설

25 오답피하기

> ㄱ. 노유자시설 및 수련시설 : 200제곱미터 이상
> ㄷ. 승강기 등 기계장치에 의한 주차시설로서 자동차 20대 이상을 주차할 수 있는 시설

26 오답피하기

> ① 연면적 200제곱미터 이상인 특정소방대상물 중 노유자(老幼者)시설 및 수련시설

정답 ≫ 25. ⑤ 26. ①

27 「소방시설 설치 및 관리에 관한 법률」 및 같은 법 시행령상 건축허가등의 동의 등에 대한 설명으로 옳지 않은 것은?　　　　　　　　　　　　　　　　　　　　(2020년 경력채용 기출)

① 건축허가등의 권한이 있는 행정기관은 건축허가등을 할 때 미리 그 건축물 등의 시공지 또는 소재지를 관할하는 소방본부장이나 소방서장의 동의를 받아야 한다.
② 건축허가등을 할 때에 소방본부장이나 소방서장의 동의를 받아야 하는 건축물 등의 범위는 행정안전부령으로 정한다.
③ 성능위주설계를 한 특정소방대상물은 소방본부장 또는 소방서장의 건축허가등의 동의대상에서 제외된다.
④ 관할 소방본부장이나 소방서장에게 건축허가등을 하거나 신고를 수리할 때 건축물의 내부구조를 알 수 있는 설계도면을 제출하여야 한다.

28 「소방시설 설치 및 관리에 관한 법률」 및 같은 법 시행령상 단독주택이나 공동주택(아파트 및 기숙사는 제외한다)의 소유자가 의무적으로 설치하여야 하는 소방시설로 옳은 것을 〈보기〉에서 있는 대로 고른 것은?　　　　　　　　　　　　　　　　　　　　(2018년 하반기 기출)

㉠ 소화기	㉡ 주거용 주방자동소화장치
㉢ 가스자동소화장치	㉣ 단독경보형감지기
㉤ 가스누설경보기	

① ㉠, ㉣
② ㉡, ㉤
③ ㉠, ㉡, ㉣
④ ㉡, ㉢, ㉤

해설

27 오답피하기
② 건축허가등을 할 때에 소방본부장이나 소방서장의 동의를 받아야 하는 건축물 등의 범위는 <u>대통령령</u>으로 정한다.

28 단독주택이나 공동주택(아파트 및 기숙사는 제외한다)의 소유자가 의무적으로 설치하여야 하는 소방시설이란 <u>소화기</u> 및 <u>단독경보형감지기</u>를 말한다.

정답 》》 27. ② 28. ①

02 소방시설 설치 및 관리에 관한 법률

29 「소방시설 설치 및 관리에 관한 법률 시행령」 및 같은법 시행령상 다음에서 설명하는 '대통령령으로 정하는 소방시설'로 옳은 것은? (2018년 하반기 경력채용)

> 제10조(주택에 설치하는 소방시설) 다음 각 호의 주택의 소유자는 대통령령으로 정하는 소방시설을 설치하여야 한다.
> 1. 「건축법」 제2조 제2항 제1호의 단독주택
> 2. 「건축법」 제2조 제2항 제2호의 공동주택(아파트 및 기숙사는 제외한다)

① 소화기 및 시각경보기
② 소화기 및 간이소화용구
③ 소화기 및 자동확산소화기
④ 소화기 및 단독경보형감지기

30 「소방시설 설치 및 관리에 관한 법률 시행령」상 수용인원 산정방법으로 옳지 않은 것은? (2019년 상반기 기출)

① 침대가 있는 숙박시설은 해당 특정소방대상물의 종사자 수에 침대 수(2인용 침대는 2개로 산정)를 합한 수로 한다.
② 침대가 없는 숙박시설은 해당 특정소방대상물의 종사자 수에 바닥면적의 합계를 $3m^2$로 나누어 얻은 수를 합한 수로 한다.
③ 강의실 용도로 쓰이는 특정소방대상물은 해당 용도로 사용하는 바닥의 면적의 합계를 $1.9m^2$로 나누어 얻은 수로 한다.
④ 문화 및 집회시설은 해당 용도로 사용하는 바닥면적의 합계를 $3m^2$로 나누어 얻은 수로 한다.

해설

29 시행령 제10조(주택용 소방시설)
법 제10조 제1항 각 호 외의 부분에서 "대통령령으로 정하는 소방시설"이란 <u>소화기 및 단독경보형감지기</u>를 말한다.

30 오답피하기
④ 문화 및 집회시설은 해당용도로 사용하는 바닥면적의 합계를 <u>$4.6m^2$</u>로 나누어 얻은 수로 한다.

정답 ≫ 29. ④ 30. ④

31 「소방시설 설치 및 관리에 관한 법률 시행령」상 수용인원의 산정 방법에 따라 다음의 특정소방대상물에 대한 수용인원을 옳게 산정한 것은? (2022년 경력채용 기출)

> 바닥면적이 95m²인 강의실(단, 바닥면적을 산정할 때에는 복도(「건축법 시행령」 제2조 제11호에 따른 준불연재료 이상의 것을 사용하여 바닥에서 천장까지 벽으로 구획한 것을 말한다), 계단 및 화장실의 바닥면적을 포함하지 않으며, 계산 결과 소수점 이하의 수는 반올림한다.)

① 21명　　　　　　　　② 32명
③ 50명　　　　　　　　④ 60명

32 특정소방대상물의 바닥면적이 다음과 같을 때 「소방시설 설치 및 관리에 관한 법률 시행령」에 따른 수용인원은 총 몇 명인가? (단, 바닥면적을 산정할 때에는 복도, 계단 및 화장실을 포함하지 않으며, 계산 결과 소수점 이하의 수는 반올림한다.) (2023년 공채 기출)

> • 관람석이 없는 강당 1개, 바닥면적 460m²
> • 강의실 10개, 각 바닥면적 57m²
> • 휴게실 1개, 바닥면적 38m²

① 380　　　　　　　　② 400
③ 420　　　　　　　　④ 440

해설

31 1) 강의실·교무실·상담실·실습실·휴게실 용도로 쓰이는 특정소방대상물 : 해당용도로 사용하는 바닥면적의 합계를 1.9m²로 나누어 얻은 수
2) 바닥면적이 95m²인 강의실 : 95m² ÷ 1.9m² = 50명

32 • 관람석이 없는 강당 1개, 바닥면적 460m²

$$\frac{460m^2}{4.6m^2} = 100명$$

• 강의실 10개, 각 바닥면적 57m²

$$\frac{570m^2}{1.9m^2} = 300명$$

• 휴게실 1개, 바닥면적 38m²

$$\frac{38m^2}{1.9m^2} = 20명$$

이므로 100명+300명+20명 = 420명 이다.

정답 ≫ 31. ③　32. ③

02 소방시설 설치 및 관리에 관한 법률

33 「소방시설 설치 및 관리에 관한 법률 시행령」상 물분무등소화설비를 설치하여야 하는 특정소방대상물로 옳지 않은 것은?
(2018년 하반기 경력채용)

① 항공기격납고
② 연면적 600m² 이상인 주차용 건축물
③ 특정소방대상물에 설치된 바닥면적 300m² 이상인 전산실
④ 20대 이상의 차량을 주차할 수 있는 기계장치에 의한 주차시설

34 「소방시설 설치 및 관리에 관한 법률 시행령」상 옥내소화전설비를 설치하여야 하는 특정소방대상물에 해당하지 않는 것은?
(2020년 소방간부 기출)

① 연면적 1,000m² 이상인 판매시설
② 연면적 1,500m² 이상인 복합건축물
③ 지하가 중 길이 1,000m 이상인 터널
④ 지하층, 무창층 또는 4층 이상 층의 바닥면적이 300m² 이상인 숙박시설
⑤ 건축물 옥상에 설치된 차고로서 차고 용도로 사용되는 부분의 면적이 200m² 이상인 시설

해설

33 오답피하기
② 연면적 800m² 이상인 주차용 건축물

34 옥내소화전설비는 연면적 3천m² 이상이거나 지하층·무창층 또는 층수가 4층 이상인 것 중 바닥면적이 600m² 이상인 층이 있는 것의 모든 층에 설치해야 하고, 근린생활시설, 판매시설, 운수시설, 의료시설, 노유자시설, 업무시설, 숙박시설, 위락시설 또는 복합건축물 등은 연면적 1천5백m² 이상이거나 지하층·무창층 또는 층수가 4층 이상인 층 중 바닥면적이 300m² 이상인 층이 있는 것은 모든 층에 설치해야 한다.

오답피하기
① 연면적 1,500m² 이상인 판매시설

정답 >>> 33. ② 34. ①

35 「소방시설 설치 및 관리에 관한 법률 시행령」상 간이스프링클러설비를 설치하여야 하는 특정소방대상물로 옳지 않은 것은?   (2021년 기출 변형)

① 교육연구시설 내에 합숙소로서 연면적 100m² 이상인 것
② 근린생활시설 중 의원, 치과의원 및 한의원으로서 입원실이 있는 시설
③ 근린생활시설 중 근린생활시설로 사용하는 부분의 바닥면적 합계가 1천m² 이상인 것은 모든 층
④ 복합건축물로서 연면적 600m² 이상인 것은 모든 층

36 「소방시설 설치 및 관리에 관한 법률 시행령」상 간이스프링클러를 설치하여야 하는 특정소방대상물로 옳지 않은 것은?   (2021년 경력채용 기출 변형)

① 한의원으로서 입원실이 있는 시설
② 교육연구시설 내에 합숙소로서 연면적 100m² 이상인 것
③ 근린생활시설로 사용하는 부분의 바닥면적 합계가 600m² 이상인 것은 모든 층
④ 건물을 임차하여 「출입국관리법」 제52조 제2항에 따른 보호시설로 사용되는 부분

해설

35 오답피하기
④ 복합건축물로서 연면적 1천m² 이상인 것은 모든 층

36 오답피하기
③ 근린생활시설로 사용하는 부분의 바닥면적 합계가 1천m² 이상인 것은 모든 층

정답 ≫ 35. ④ 36. ③

02 소방시설 설치 및 관리에 관한 법률

37 「소방시설 설치 및 관리에 관한 법률 시행령」상 스프링클러설비를 설치해야 하는 특정소방대상물에 해당하는 것만을 〈보기〉에서 고른 것은? (2023년 공채 기출)

> ㄱ. 수련시설 내에 있는 학생 수용을 위한 기숙사로서 연면적 5천㎡인 경우
> ㄴ. 교육연구시설 내에 있는 합숙소로서 연면적 100㎡인 경우
> ㄷ. 숙박시설로 사용되는 바닥면적의 합계가 500㎡인 경우
> ㄹ. 영화상영관의 용도로 쓰는 4층의 바닥면적이 1천㎡인 경우

① ㄱ, ㄴ
② ㄱ, ㄹ
③ ㄴ, ㄷ
④ ㄷ, ㄹ

38 「소방시설 설치 및 관리에 관한 법률 시행령」상 피난구조설비 중 공기호흡기를 설치하여야 하는 특정소방대상물로 옳지 않은 것은? (2021년 경력채용 기출)

① 지하가 중 지하상가
② 운수시설 중 지하역사
③ 판매시설 중 대규모점포
④ 호스릴이산화탄소소화설비를 설치하여야 하는 특정소방대상물

해설

37 오답피하기
ㄴ. 교육연구시설 내에 있는 합숙소로서 연면적 100㎡인 경우는 간이스프링클러를 설치해야 하는 대상에 해당한다.
ㄷ. 숙박시설로 사용되는 바닥면적의 합계가 600㎡ 이상일 때 스프링클러설비를 설치해야 하므로 500㎡ 경우는 해당하지 않는다.

38 오답피하기
공기호흡기를 설치하여야 하는 특정소방대상물

가. 수용인원 100명 이상인 문화 및 집회시설 중 영화상영관
나. 판매시설 중 대규모점포
다. 운수시설 중 지하역사
라. 지하가 중 지하상가
마. <u>이산화탄소소화설비(호스릴이산화탄소소화설비는 제외)</u>를 설치하여야 하는 특정소방대상물

정답 ≫ 37. ② 38. ④

39 「소방시설 설치 및 관리에 관한 법률 시행령」 제11조 별표5의 소방시설 중 제연설비를 설치해야 하는 특정소방대상물에 대한 내용이다. ( ) 안에 들어갈 숫자로 옳은 것은?

(2022년 경력채용 기출 변형)

> 가. 지하가(터널은 제외한다)로서 연면적 (ㄱ)m² 이상인 것
> 나. 문화 및 집회시설, 종교시설, 운동시설로서 무대부의 바닥면적이 (ㄴ)m² 이상 또는 문화 및 집회시설 중 영화상영관으로서 수용인원 (ㄷ)명 이상인 것

	ㄱ	ㄴ	ㄷ		ㄱ	ㄴ	ㄷ
①	1,000	200	100	②	1,000	400	100
③	2,000	200	50	④	2,000	400	50

40 「소방시설 설치 및 관리에 관한 법률 시행령」상 특정소방대상물의 관계인이 특정소방대상물의 규모·용도 및 수용인원 등을 고려하여 갖추어야 하는 소방시설의 기준에 대한 내용으로 옳은 것은?

(2022년 기출 변형)

① 지하가 중 터널로서 길이가 500m인 터널에는 옥내소화전설비를 설치하여야 한다.
② 아파트 및 오피스텔의 모든 층에는 주거용주방자동소화장치를 설치하여야 한다.
③ 물류터미널을 제외한 창고시설로 바닥면적 합계가 3천 m²인 경우에는 모든 층에 스프링클러설비를 설치하여야 한다.
④ 근린생활시설 중 조산원 및 산후조리원으로서 연면적 500m² 이상인 시설은 간이스프링클러설비를 설치하여야 한다.

해설

39
> 가. 지하가(터널은 제외)로서 연면적 (ㄱ 1,000)m² 이상인 것
> 나. 문화 및 집회시설, 종교시설, 운동시설로서 무대부의 바닥면적이 (ㄴ 200)m² 이상 또는 문화 및 집회시설 중 영화상영관으로서 수용인원 (ㄷ 100)명 이상인 것

40 오답피하기
① 지하가 중 터널로서 길이가 1,000m이상인 터널에는 옥내소화전설비를 설치하여야 한다.
③ 물류터미널을 제외한 창고시설로서 바닥면적의 합계가 5천m²이상인 경우에는 모든 층에는 스프링클러설비를 설치하여야 한다.
④ 조산원, 산후조리원으로 사용하는 부분의 바닥면적의 합계가 600m² 미만인 것은 모든 층에는 간이스프링클러를 설치하여야 한다.

정답 ≫ 39. ① 40. ②

41 소방청장이 정하는 내진설계기준에 맞게 소방시설을 설치해야 하는 경우 대통령령으로 정하는 소방시설에 해당하지 않는 것은?

(2019년 소방간부 기출)

① 옥내소화전설비
② 옥외소화전설비
③ 물 분무 소화설비
④ 스프링클러설비
⑤ 포소화설비

42 특정소방대상물에 소방시설을 설치하려는 자는 지진이 발생할 경우 소방시설이 정상적으로 작동될 수 있도록 소방청장이 정하는 내진설계기준에 맞게 소방시설을 설치하여야 한다. 이에 해당되는 소방시설로 옳은 것은?

(2018년 하반기 기출)

① 자동화재탐지설비, 옥외소화전설비, 스프링클러설비
② 자동화재탐지설비, 옥내소화전설비, 스프링클러설비
③ 옥내소화전설비, 옥외소화전설비, 물분무등소화설비
④ 옥내소화전설비, 스프링클러설비, 물분무등소화설비

해설

41 내진설계를 하여야 하는 소방시설

① 옥내소화전설비
② 스프링클러설비
③ 물분무등소화설비(물분무 소화설비, 미분무 소화설비, 포 소화설비, 강화액 소화설비, 이산화탄소 소화설비, 할론 소화설비, 할로겐화합물 및 불활성기체 소화설비, 분말 소화설비 고체에어로졸 소화설비)

42 오답피하기

④ 특정소방대상물에 소방시설을 설치하려는 자가 지진이 발생할 경우 소방시설이 정상적으로 작동될 수 있도록 내진설계기준에 맞게 소방시설을 설치하여야 하는 소방시설에는 옥내소화전설비, 스프링클러설비, 물분무등소화설비가 있다.

정답 ≫ 41. ② 42. ④

43 「소방시설 설치 및 관리에 관한 법률 시행령」제8조에 따라 특정소방대상물에 지진이 발생할 경우 소방시설이 정상적으로 작동될 수 있도록 소방청장이 정하는 내진설계기준에 맞게 설치하여야 하는 소방시설의 종류로 옳지 않은 것은? (2022년 경력채용 기출 변형)

① 물분무등소화설비 ② 스프링클러설비
③ 옥내소화전설비 ④ 연결송수관설비

해설

43 내진설계대상 소방시설

> 1) 옥내소화전설비
> 2) 스프링클러설비
> 3) 물분무등소화설비

오답피하기

④ 연결송수관설비는 내진설계기준에 맞게 설치하여야 하는 소방시설에 해당하지 않는다.

정답 ≫ 43. ④

02 소방시설 설치 및 관리에 관한 법률

44 「소방시설 설치 및 관리에 관한 법률 시행령」상 성능위주설계를 하는 특정소방대상물의 범위로 가장 옳은 것은?
(2017년 하반기 기출)

① 연면적 10만제곱미터인 특정소방대상물
② 지하층을 포함한 층수가 20층인 특정소방대상물
③ 연면적 3만제곱미터인 철도 및 도시철도 시설
④ 건축물의 높이가 120미터인 아파트

해설

44 오답피하기

① 연면적 10만제곱미터인 특정소방대상물 (×) → 연면적 20만제곱미터 이상이어야 한다.
② 지하층을 포함한 층수가 20층인 특정소방대상물 (×) → 지하층을 포함한 층수가 30층 이상인 특정소방대상물이어야 한다.
④ 건축물의 높이가 120미터인 아파트 (×) → 아파트는 50층 이상(지하층은 제외한다)이거나 지상으로부터 높이가 200미터 이상이어야 한다.

성능위주설계를 하여야 하는 특정소방대상물의 범위

"대통령령으로 정하는 특정소방대상물"이란 다음 각 호의 어느 하나에 해당하는 특정소방대상물(신축하는 것만 해당)을 말한다.

1. 연면적 20만제곱미터 이상인 특정소방대상물. 다만, 공동주택 중 주택으로 쓰이는 층수가 5층 이상인 주택("아파트등")은 제외한다.
2. 다음 각 목의 특정소방대상물
   가. 50층 이상(지하층은 제외한다)이거나 지상으로부터 높이가 200미터 이상인 아파트
   나. 30층 이상(지하층을 포함한다)이거나 지상으로부터 높이가 120미터 이상인 특정소방대상물(아파트등은 제외한다)
3. 연면적 3만제곱미터 이상인 특정소방대상물로서 다음 각 목의 어느 하나에 해당하는 특정소방대상물
   가. 철도 및 도시철도 시설
   나. 공항시설
4. 하나의 건축물에 영화상영관이 10개 이상인 특정소방대상물
5. 「초고층 및 지하연계 복합건축물 재난관리에 관한 특별법」에 따른 지하연계 복합건축물에 해당하는 특정소방대상물
6. 창고시설 중 연면적 10만 제곱미터 이상인 것 또는 지하층의 층수가 2개층 이상이고 지하층의 바닥면적의 합계가 3만 제곱미터 이상인 것
7. 터널 중 수저터널 또는 길이가 5천 미터이상인 것

정답 ≫ 44. ③

45 「소방시설 설치 및 관리에 관한 법률 시행령」상 신축건축물로서 성능위주설계를 해야 할 특정소방대상물의 범위로 옳은 것은?
(2019년 상반기 경력채용)

① 연면적 10만제곱미터 이상인 특정소방대상물로서 기숙사
② 건축물의 높이가 100미터 이상인 특정소방대상물로서 아파트
③ 지하층을 포함한 층수가 20층 이상인 특정소방대상물로서 복합건축물
④ 연면적 3만제곱미터 이상인 특정소방대상물로서 공항시설

46 「소방시설 설치 및 관리에 관한 법률 시행령」상 성능위주설계를 하여야 하는 특정소방대상물의 범위에 해당되는 것은? (단, 신축하는 것만 해당한다)
(2020년 경력채용 기출)

① 연면적 30만제곱미터의 아파트
② 연면적 2만5천제곱미터의 철도시설
③ 지하층을 포함한 층수가 30층인 복합건축물
④ 연면적 3만제곱미터, 높이 90미터, 지하층 포함 25층인 종합병원

해설

45 오답피하기
① 연면적 <u>20만제곱미터</u> 이상인 특정소방대상물로서 기숙사
② 건축물의 높이가 100미터 이상인 특정소방대상물로서 아파트 → 아파트는 <u>200미터 이상</u>이어야 한다.
③ 지하층을 포함한 층수가 <u>30층 이상</u>인 특정소방대상물로서 복합건축물

46 오답피하기
① 연면적 20만제곱미터 이상인 특정소방대상물. <u>다만, 공동주택 중 주택으로 쓰이는 층수가 5층 이상인 주택("아파트등")은 제외한다.</u>
② 철도시설은 연면적 3만제곱미터 이상일 때 성능위주설계대상이 된다.
④ 성능위주설계를 해야 하는 특정소방대상물의 기준은 <u>연면적 20만 제곱미터 이상, 높이는 120미터 이상,</u> 지하층을 포함 30층 이상이어야 하므로, 연면적 3만제곱미터, 높이 90미터, 지하층 포함 25층인 종합병원은 성능위주설계 대상에 해당하지 않는다.

정답 ≫ 45. ④ 46. ③

47 「소방시설 설치 및 관리에 관한 법률 시행령」상 성능위주설계를 하여야 하는 특정소방대상물로 옳은 것은? (단, 신축하는 것만 해당한다.)
  ① 높이 120미터인 아파트
  ② 연면적 2만제곱미터인 철도역사
  ③ 연면적 10만제곱미터인 특정소방대상물(단, 아파트 등은 제외)
  ④ 하나의 건축물에 「영화 및 비디오물의 진흥에 관한 법률」 제2조 제10호에 따른 영화상영관이 10개인 특정소방대상물

48 「소방시설 설치 및 관리에 관한 법률 시행령」상 성능위주설계를 해야 하는 특정소방대상물의 범위로 옳지 않은 것은?
  ① 연면적 3만제곱미터 이상인 공항시설에 해당하는 특정소방대상물
  ② 하나의 건축물에 「영화 및 비디오물의 진흥에 관한 법률」 제2조 제10호에 따른 영화상영관이 10개 이상인 특정소방대상물
  ③ 50층 이상(지하층은 제외한다)이거나 지상으로부터 높이가 200미터 이상인 아파트등
  ④ 30층 이상(지하층을 포함한다)이거나 지상으로부터 높이가 100미터 이상인 특정소방대상물(아파트 등은 제외한다)

해설

47 ① 높이 120미터인 아파트 → 아파트는 50층 이상(지하층은 제외한다)이거나 지상으로부터 높이가 200미터 이상이어야 한다.
  ② 연면적 2만제곱미터인 철도역사 (3만제곱미터 이상이어야 하므로 해당하지 않는다.)
  ③ 연면적 10만제곱미터인 특정소방대상물(단, 아파트 등은 제외) (연면적 20만제곱미터 이상이어야 하므로 해당하지 않는다.)

48 오답피하기
  ④ 30층 이상(지하층을 포함한다)이거나 지상으로부터의 높이가 120미터 이상인 특정소방대상물(아파트 등은 제외한다)

정답 ≫ 47. ④ 48. ④

49 「소방시설 설치 및 관리에 관한 법률」상 특정소방대상물별로 설치하여야 하는 소방시설의 정비 등에 대한 설명이다. ( ) 안에 들어갈 내용으로 옳은 것은? (2021년 경력채용 기출 변형)

- 제14조 제1항에 따라 대통령령으로 소방시설을 정할 때에는 특정소방대상물의 (가) 및 이용자 특성 등을 고려하여야 한다.
- 소방청장은 건축 환경 및 화재위험특성 변화사항을 효과적으로 반영할 수 있도록 소방시설 규정을 (나) 이상 정비하여야 한다.

	(가)	(나)
①	규모·용도 및 수용인원	3년에 1회
②	위치·구조 및 수용인원	3년에 1회
③	규모·용도 및 가연물의 종류 및 양	3년에 1회
④	위치·구조 및 가연물의 종류 및 양	3년에 1회

50 「소방시설 설치 및 관리에 관한 법률 시행령」상 소방용품인 분말형태의 소화약제를 사용하는 소화기의 내용연수로 옳은 것은? (2018년 하반기 기출)

① 10년 ② 15년
③ 20년 ④ 25년

해설

49
- 제9조 제1항에 따라 대통령령으로 소방시설을 정할 때에는 특정소방대상물의 (㉮ <u>규모·용도 및 수용인원</u>) 및 이용자의 특성을 고려하여야 한다.
- 소방청장은 건축 환경 및 화재위험특성 변화사항을 효과적으로 반영할 수 있도록 소방시설 규정을 (㉯ <u>3년에 1회</u>)이상 정비하여야 한다.

50 내용연수를 설정하여야 하는 소방용품은 분말형태의 소화약제를 사용하는 소화기로 하고, 그 내용연수는 <u>10년</u>으로 한다. (소방시설법 시행령 제18조)

정답 ≫ 49. ① 50. ①

51 「소방시설 설치 및 관리에 관한 법률 시행령」상 임시소방시설의 종류로 옳지 않은 것은?

(2018년 상반기 기출)

① 소화기
② 간이스프링클러설비
③ 비상경보장치
④ 간이소화장치

52 「소방시설 설치 및 관리에 관한 법률 시행령」상 건축허가 등의 동의대상물 중 화재위험작업 공사 현장에 설치하여야 하는 임시소방시설의 종류와 설치기준으로 옳지 않은 것은?

(2018년 하반기 경력채용)

① 가연성가스를 발생시키는 화재위험작업현장에는 소화기를 설치하여야 한다.
② 바닥면적 150㎡ 이상인 지하층 또는 무창층의 화재위험 작업현장에는 간이소화장치를 설치하여야 한다.
③ 바닥면적 150㎡ 이상인 지하층 또는 무창층의 화재위험 작업현장에는 비상경보장치를 설치하여야 한다.
④ 바닥면적 150㎡ 이상인 지하층 또는 무창층의 화재위험 작업현장에는 간이피난유도선을 설치하여야 한다.

해설

51 임시소방시설의 종류

가. 소화기
나. 간이소화장치
다. 비상경보장치
라. 간이피난유도선
마. 가스누설경보기
바. 비상조명등
사. 방화포

52 간이소화장치 설치 기준

1) 연면적 3천㎡ 이상
2) 지하층, 무창층 또는 4층 이상의 층의 바닥면적이 600㎡ 이상인 경우

정답 ≫ 51. ② 52. ②

53 연면적 2,500㎡인 신축공사 작업현장의 바닥면적 200㎡인 지하층에서 용접작업을 하려고 한다. 「화재예방, 소방시설 설치·유지 및 안전관리에 관한 법률 시행령」상 해당 작업현장에 설치하여야 할 임시소방시설로 옳지 않은 것은? (2020년 경력채용 기출)

① 소화기
② 간이소화장치
③ 비상경보장치
④ 간이피난유도선

54 「소방시설 설치 및 관리에 관한 법률」 및 같은 법 시행령상 임시소방시설을 설치하여야 하는 공사와 임시소방시설의 설치기준으로 옳지 않은 것은? (2020년 경력채용 기출)

① 특정소방대상물의 용도변경을 위한 공사를 시공하는 자는 공사 현장에서 인화성(引火性) 물품을 취급하는 작업을 하기 전에 설치 및 철거가 쉬운 임시소방시설을 설치하고 유지·관리하여야 한다.
② 옥내소화전이 설치된 특정소방대상물의 용도변경을 위한 내부 인테리어 변경공사를 시공하는 자는 간이소화장치를 설치해야만 한다.
③ 무창층으로서 바닥면적 150㎡의 증축 작업현장에는 간이피난유도선을 설치해야만 한다.
④ 소방서장은 용접·용단 등 불꽃을 발생시키거나 화기(火氣)를 취급하는 작업현장에 임시소방시설 또는 소방시설이 설치 또는 유지·관리되지 아니할 때에는 해당 시공자에게 필요한 조치를 하도록 명할 수 있다.

해설

53 오답피하기

② 간이소화장치의 설치 기준은 연면적 3,000㎡ 이상 이거나 지하층, 무창층 또는 4층 이상의 층의 바닥면적이 600㎡ 이상인 경우 이므로 연면적 2,500㎡인 신축공사 작업현장의 바닥면적 200㎡인 지하층은 모두 간이소화장치의 설치기준에는 해당하지 않는다.

54 오답피하기

② 옥내소화전 또는 소방청장이 정하여 고시하는 기준에 맞는 소화기를 설치한 경우에는 간이소화장치를 설치한 것으로 보기 때문에 옥내소화전이 설치된 특정소방대상물의 용도변경을 위한 내부 인테리어 변경공사를 시공하는 자는 간이소화장치를 설치하지 않아도 된다.

정답 ≫ 53. ② 54. ②

02 소방시설 설치 및 관리에 관한 법률

55 「소방시설 설치 및 관리에 관한 법률 시행령」상 소방서장이 화재안전기준의 변경으로 강화된 기준을 적용하여야 하는 소방시설로 옳은 것을 모두 고르면? (2018년 상반기 기출 변형)

㉠ 소화기구
㉡ 자동화재탐지설비
㉢ 비상콘센트설비
㉣ 노유자시설의 스프링클러설비, 자동화재탐지설비
㉤ 의료시설의 간이스프링클러설비, 자동화재속보설비

① ㉠, ㉡
② ㉡, ㉣
③ ㉠, ㉡, ㉤
④ ㉢, ㉣, ㉤

56 「소방시설 설치 및 관리에 관한 법률」 및 같은 법 시행령상 노유자시설 및 의료시설의 경우 강화된 소방시설기준의 적용대상이다. 이에 해당하는 소방설비의 연결이 옳지 않은 것은? (2019년 상반기 경력채용)

① 노유자시설에 설치하는 간이스프링클러설비
② 노유자시설에 설치하는 비상방송설비
③ 의료시설에 설치하는 스프링클러설비
④ 의료시설에 설치하는 자동화재탐지설비

해설

55 강화된 기준을 적용하는 소방시설
- (소)화기구, 비상(경)보설비, 자동화재(속)보설비, (피)난구조설비, 자동화재탐지설비
- 노유자시설 – 간이스프링클러, 단독경보형감지기, 자동화재탐지설비
- 의료시설 – 스프링클러, 간이스프링클러, 자동화재탐지설비, 자동화재속보설비
- 공동구 / 전력 및 통신사업용 지하구 – 소화기, 자동소화장치, 자동화재탐지설비, 통합감시설비, 유도등, 연소방지설비

56 강화된 소방시설기준의 적용대상
1) 노유자시설 : ① 간이스프링클러설비, 단독경보형감지기, 자동화재탐지설비
2) 의료시설 : ③ 스프링클러설비, 간이스프링클러설비, ④ 자동화재탐지설비, 자동화재속보설비

정답 ≫ 55. ③ 56. ②

57 「소방시설 설치 및 관리에 관한 법률 시행령」상 의료시설에 강화된 소방시설 기준을 적용해 설치하여야 하는 소방시설로 옳지 않은 것은? (2020년 소방간부 기출)

① 스프링클러설비 ② 자동화재탐지설비
③ 자동화재속보설비 ④ 단독경보형감지기
⑤ 간이스프링클러설비

58 「소방시설 설치 및 관리에 관한 법률」 및 같은 법 시행령상 소방시설을 설치하지 아니할 수 있는 특정소방대상물 및 소방시설의 범위로 옳지 않은 것은? (2017년 하반기 기출)

① 불연성 물품을 저장하는 창고 - 화재 위험도가 낮은 특정소방대상물
② 농예·축산·어류양식용 시설 - 화재안전기준을 적용하기 어려운 특정소방대상물
③ 원자력발전소 - 화재안전기준을 달리 적용하여야 하는 특수한 용도 또는 구조를 가진 특정소방대상물
④ 음료수 공장의 작업장 - 화재위험도가 낮은 특정소방대상물

해설

57 강화된 소방시설기준을 적용해 설치하여야 하는 소방시설

1. 소방시설 중 대통령령으로 정하는 것
   가. 소화기구
   나. 비상경보설비
   다. 자동화재속보설비
   라. 피난구조설비
   마. 자동화재탐지설비
2. 공동구, 전력 또는 통신사업용 지하구에 설치하여야 하는 소화기, 자동소화장치, 통합감시시설, 자동화재탐지설비, 유도등 및 연소방지설비
3. 노유자시설에 설치하는 간이스프링클러, 자동화재탐지설비 및 ④ 단독경보형감지기
4. 의료시설에 설치하는 ① 스프링클러설비, ⑤ 간이스프링클러설비, ② 자동화재탐지설비 및 ③ 자동화재속보설비

58 (오답피하기)
④ 음료수공장의 세정 또는 충전을 하는 작업장은 화재안전기준을 적용하기 어려운 특정소방대상물에 해당된다. (시행령 [별표7])

정답 ≫ 57. ④ 58. ④

59 「소방시설 설치 및 관리에 관한 법률 시행령」상 '유사한 소방시설의 설치 면제의 기준'에 대한 설명이다. ( )안의 내용으로 옳게 연결된 것은? (2018년 하반기 경력채용)

> 간이스프링클러를 설치하여야 하는 특정소방대상물에 (㉠), (㉡), 또는 미분무소화설비를 화재안전기준에 적합하게 설치한 경우에는 그 설비의 유효범위에서 설치가 면제된다.

	㉠	㉡		㉠	㉡
①	스프링클러설비	옥내소화전설비	②	포소화설비	물분무소화설비
③	스프링클러설비	물분무소화설비	④	포소화설비	옥내소화전설비

60 「소방시설 설치 및 관리에 관한 법률 시행령」상 특정소방대상물의 소방시설 설치면제 기준으로 옳지 않은 것은? (2020년 경력채용 기출)

① 간이스프링클러설비를 설치하여야 하는 특정소방대상물에 분말소화기를 화재안전기준에 적합하게 설치한 경우에는 그 설비의 유효범위에서 설치가 면제된다.

② 비상경보설비를 설치하여야 할 특정소방대상물에 단독경보형 감지기를 2개 이상의 단독경보형 감지기와 연동하여 설치하는 경우에는 그 설비의 유효범위에서 설치가 면제된다.

③ 비상조명등을 설치하여야 하는 특정소방대상물에 피난구유도등 또는 통로유도등을 화재안전기준에 적합하게 설치한 경우에는 그 유도등의 유효범위에서 설치가 면제된다.

④ 누전경보기를 설치하여야 하는 특정소방대상물 또는 그 부분에 아크경보기 또는 전기 관련 법령에 따른 지락차단장치를 설치한 경우에는 그 설비의 유효범위에서 설치가 면제된다.

해설

59 간이스프링클러를 설치하여야 하는 특정소방대상물에 ㉠ 스프링클러설비, ㉡ 물분무소화설비, 또는 미분무소화설비를 화재안전기준에 적합하게 설치한 경우에는 그 설비의 유효범위에서 설치가 면제된다. (소방시설법 시행령 제16조 관련 [별표6])

60 오답피하기

① 간이스프링클러를 설치하여야 하는 특정소방대상물에 스프링클러설비, 물분무소화설비 또는 미분무소화설비를 화재안전기준에 적합하게 설치한 경우에는 그 설비의 유효범위에서 설치가 면제된다.

정답 ≫ 59. ③ 60. ①

61 「소방시설 설치 및 관리에 관한 법률」 및 같은법 시행령상 중앙소방기술심의위원회 심의사항에 관한 내용 중 옳지 않은 것은?
(2018년 하반기 경력채용)

① 화재안전기준, 공법이 특수한 설계 및 시공에 관한 사항
② 소방시설공사의 하자를 판단하는 기준에 관한 사항
③ 연면적 10만㎡ 이상의 특정소방대상물에 설치된 소방시설의 설계·시공·감리의 하자 유무에 관한 사항
④ 소방본부장 또는 소방서장이 심의에 부치는 사항

62 「소방시설 설치 및 관리에 관한 법률」 및 같은법 시행령상 지방소방기술심의위원회의 심의 사항으로 옳은 것은?
(2019년 상반기 경력채용)

① 화재안전기준에 관한 사항
② 소방시설의 구조 및 원리 등에서 공법이 특수한 설계 및 시공에 관한 사항
③ 소방시설의 설계 및 공사감리의 방법에 관한 사항
④ 연면적 10만제곱미터 미만의 특정소방대상물에 설치된 소방시설의 설계·시공·감리의 하자 유무에 관한 사항

> **해설**
>
> **61** 중앙소방기술심의위원회의 심의사항
> - 화재안전기준에 관한 사항
> - 소방시설의 구조와 원리 등에 있어서 공법이 특수한 설계 및 시공에 관한 사항
> - 소방시설의 설계 및 공사감리의 방법에 관한 사항
> - 소방시설공사의 하자를 판단기준에 관한 사항
> - 연면적 10만㎡ 이상의 특정소방대상물에 설치된 소방시설의 설계·시공·감리의 하자 유무에 관한 사항
> - 새로운 소방시설과 소방용품 등의 도입 여부에 관한 사항
> - 그 밖에 소방기술과 관련하여 <u>소방청장이 심의에 부치는 사항</u>
>
> **오답피하기**
> ④ 소방본부장 또는 소방서장이 심의에 부치는 사항은 지방소방기술심의위원회의 심의사항이다.
>
> **62** **오답피하기**
> ①, ②, ③은 중앙소방기술심의위원회의 심의사항이고, ④이 지방소방기술심의위원회의 심의사항이다.

정답 》》 61. ④ 62. ④

02 소방시설 설치 및 관리에 관한 법률

63 「소방시설 설치 및 관리에 관한 법률」상 중앙소방기술심의위원회의 심의사항으로 옳지 않은 것은?
(2023년 공채 기출)
① 화재안전기준에 관한 사항
② 소방시설에 하자가 있는지의 판단에 관한 사항
③ 소방시설의 설계 및 공사감리의 방법에 관한 사항
④ 소방시설의 구조 및 원리 등에서 공법이 특수한 설계 및 시공에 관한 사항

64 「소방시설 설치 및 관리에 관한 법률 시행령」상 특정소방대상물이 증축되는 경우, 원칙적으로 소방시설기준 적용에 관한 설명으로 옳은 것은?
(2020년 공채 기출)
① 기존 부분을 포함한 특정소방대상물의 전체에 대하여 증축 전 소방시설의 설치에 관한 대통령령 또는 화재안전기준을 적용하여야 한다.
② 기존 부분은 증축 전에 적용되던 소방시설의 설치에 관한 대통령령 또는 화재안전기준을 적용하고 증축 부분은 증축 당시의 소방시설의 설치에 관한 대통령령 또는 화재안전기준을 적용하여야 한다.
③ 증축 부분은 증축 전에 적용되던 소방시설의 설치에 관한 대통령령 또는 화재안전기준을 적용하고 기존 부분은 증축 당시의 소방시설의 설치에 관한 대통령령 또는 화재안전기준을 적용하여야 한다.
④ 기존 부분을 포함한 특정소방대상물의 전체에 대하여 증축 당시의 소방시설의 설치에 관한 대통령령 또는 화재안전기준을 적용하여야 한다.

해설

63 오답피하기
② 소방시설에 하자가 있는지의 판단에 관한 사항은 지방소방기술심의위원회의 심의사항에 해당한다.

64 소방본부장 또는 소방서장은 특정소방대상물이 증축되는 경우에는 기존 부분을 포함한 특정소방대상물의 전체에 대하여 증축 당시의 소방시설의 설치에 관한 대통령령 또는 화재안전기준을 적용하여야 한다.

정답 ≫ 63. ② 64. ④

65 「소방시설 설치 및 관리에 관한 법률 시행령」상 방염성능기준 이상의 실내장식물 등을 설치하여야 하는 특정소방대상물로 옳지 않은 것은? (2019년 상반기 기출)

① 숙박시설 ② 의료시설 중 요양병원
③ 노유자시설 ④ 운동시설 중 수영장

66 「소방시설 설치 및 관리에 관한 법률 시행령」상 방염성능기준 이상의 실내장식물 등을 설치하여야 하는 특정소방대상물을 모두 고른 것은? (2020년 경력채용 기출)

㉠ 근린생활시설 중 의원
㉡ 방송통신시설 중 방송국 및 촬영소
㉢ 근린생활시설 중 체력단련장

① ㉠ ② ㉠, ㉡
③ ㉡, ㉢ ④ ㉠, ㉡, ㉢

해설

65 오답피하기
④ 방염성능기준 이상의 실내장식물 등을 설치하여야 하는 특정소방대상물 중 운동시설 중 수영장은 제외한다.

66 ㉠ 근린생활시설 중 의원, ㉡ 방송통신시설 중 방송국 및 촬영소, ㉢ 근린생활시설 중 체력단련장은 모두 방염성능기준 이상의 실내장식물 등을 설치하여야 하는 특정소방대상물에 해당된다.

정답 ≫ 65. ④ 66. ④

02 소방시설 설치 및 관리에 관한 법률

67 「소방시설 설치 및 관리에 관한 법률 시행령」상 방염성능기준에 대한 설명이다. 빈칸에 알맞은 것은?
(2018년 상반기 기출)

> ㉠ 버너의 불꽃을 제거한 때부터 불꽃을 올리며 연소하는 상태가 그칠 때까지 시간은 (   )초 이내일 것
> ㉡ 버너의 불꽃을 제거한 때부터 불꽃을 올리지 아니하고 연소하는 상태가 그칠 때까지 시간은 (   )초 이내일 것
> ㉢ 탄화한 면적은 (   )m² 이내, 탄화한 길이는 (   )cm 이내일 것
> ㉣ 불꽃에 의하여 완전히 녹을 때까지 불꽃의 접촉 횟수는 (   )회 이상일 것
> ㉤ 소방청장이 정하여 고시할 방법으로 발연량을 측정하는 경우 최대 연기밀도는 (   ) 이하일 것

① 30 / 20 / 20 / 50 / 3 / 400
② 20 / 30 / 50 / 20 / 3 / 400
③ 20 / 30 / 50 / 50 / 3 / 400
④ 30 / 20 / 20 / 50 / 2 / 300

해설

67
> ㉠ 버너의 불꽃을 제거한 때부터 불꽃을 올리며 연소하는 상태가 그칠 때까지 시간은 20초 이내일 것
> ㉡ 버너의 불꽃을 제거한 때부터 불꽃을 올리지 아니하고 연소하는 상태가 그칠 때까지 시간은 30초 이내일 것
> ㉢ 탄화한 면적은 50m²이내, 탄화한 길이는 20cm이내일 것
> ㉣ 불꽃에 의하여 완전히 녹을 때까지 불꽃의 접촉 횟수는 3회 이상일 것
> ㉤ 소방청장이 정하여 고시할 방법으로 발연량을 측정하는 경우 최대 연기밀도는 400이하일 것

정답 ≫ 67. ②

68 「소방시설 설치 및 관리에 관한 법률 시행령」상 방염성능기준에 대한 설명이다. ( )안에 들어갈 숫자로 옳은 것은?

(2020년 경력채용 기출)

- 버너의 불꽃을 제거한 때부터 불꽃을 올리며 연소하는 상태가 그칠 때까지 시간은 (가)초 이내일 것
- 버너의 불꽃을 제거한 때부터 불꽃을 올리지 아니하고 연소하는 상태가 그칠 때 까지 시간은 (나)초 이내일 것

	(가)	(나)		(가)	(나)
①	10	30	②	10	50
③	20	30	④	20	50

69 「소방시설 설치 및 관리에 관한 법률 시행령」상 방염성능기준으로 옳지 않은 것은?

(2022년 기출 변형)

① 불꽃에 의하여 완전히 녹을 때까지 불꽃의 접촉 횟수는 3회 이상일 것
② 탄화(炭化)한 면적은 50제곱센티미터 이내, 탄화한 길이는 20센티미터 이내일 것
③ 소방청장이 정하여 고시한 방법으로 발연량(發煙量)을 측정하는 경우 최대연기밀도는 500 이하일 것
④ 버너의 불꽃을 제거한 때부터 불꽃을 올리며 연소하는 상태가 그칠 때까지 시간은 20초 이내이며, 버너의 불꽃을 제거한 때부터 불꽃을 올리지 아니하고 연소하는 상태가 그칠 때까지 시간은 30초 이내일 것

해설

68
- 버너의 불꽃을 제거한 때부터 불꽃을 올리며 연소하는 상태가 그칠 때까지 시간은 (가, 20)초 이내일 것
- 버너의 불꽃을 제거한 때부터 불꽃을 올리지 아니하고 연소하는 상태가 그칠 때 까지 시간은 (나, 30)초 이내일 것

69 오답피하기
③ 소방청장이 정하여 고시한 방법으로 발연량(發煙量)을 측정하는 경우 최대연기밀도는 400 이하일 것

정답 ≫ 68. ③ 69. ③

70. 「소방시설 설치 및 관리에 관한 법률」 및 같은 법 시행령상 규정하고 있는 소방대상물의 방염에 대한 설명으로 옳지 않은 것은?
(2018년 하반기 경력채용 기출 변형)

① 「건축법 시행령」에 따라 산정한 층수가 11층 이상인 특정소방대상물은 방염성능기준 이상의 실내장식물 등을 설치하여야 한다.
② 창문에 설치하는 커튼류(블라인드 포함)는 제조 또는 가공 공장에서 방염처리를 한 물품에 해당한다.
③ 방염성능검사 합격표시를 위조하거나 변조하여 사용한 자는 300만원 이하의 과태료에 처한다.
④ 대통령령에서 규정하는 방염성능기준 범위는 탄화한 면적의 경우 50cm² 이내, 탄화한 길이는 20cm 이내이다.

71. 「소방시설 설치 및 관리에 관한 법률 시행령」상 특정소방대상물에 설치하는 소방시설에 대한 설명으로 옳은 것은?
(2020년 소방간부 기출)

㉠ 주택용 소방시설이란 소화기 및 단독경보형 감지기를 말한다.
㉡ 비상콘센트설비, 제연설비는 소방시설 중 소화활동설비에 포함된다.
㉢ 스프링클러설비, 연결송수관설비는 소방시설 중 소화설비에 포함된다.
㉣ 분말형태의 소화약제를 사용하는 소화기의 내용연수는 10년으로 한다.
㉤ 옥내소화전설비, 자동화재탐지설비, 스프링클러설비, 물분무등소화설비는 내진설계대상 소방 시설이다.

① ㉠, ㉡, ㉢
② ㉠, ㉡, ㉣
③ ㉠, ㉣, ㉤
④ ㉡, ㉢, ㉣
⑤ ㉡, ㉣, ㉤

해설

70 오답피하기
③ 방염성능검사 합격표시를 위조하거나 변조하여 사용한 자는 300만원 이하의 <u>벌금</u>에 처한다.

71 오답피하기
㉢ 스프링클러설비, <u>연결송수관설비(소화활동설비)</u>는 소방시설 중 소화설비에 포함된다.
㉤ 옥내소화전설비, 스프링클러설비, 물분무등소화설비는 내진설계대상 소방시설이다. (<u>자동화재탐지설비는 해당하지 않는다</u>)

정답 ≫ 70. ③ 71. ②

72 「소방시설 설치 및 관리에 관한 법률 시행규칙」상 종합점검에 대한 설명으로 옳은 것은?

(2021년 공채 기출)

① 소방시설관리업에 등록된 기술인력 중 소방시설관리사만 할 수 있다.
② 소방시설등의 작동기능점검은 포함하지 않는다.
③ 건축물의 사용승인일이 속하는 다음 달에 실시한다.
④ 스프링클러설비가 설치된 특정소방대상물은 종합정밀점검을 받아야 한다.

제4절 소방시설관리사 및 소방시설관리업

73 「소방시설 설치 및 관리에 관한 법률 시행령」상 전문소방시설관리업의 보조 기술인력 등록기준으로 옳은 것은?

(2023년 공채 기출)

① 특급점검자 이상의 기술인력 : 2명 이상
② 중급·고급점검자 이상의 기술인력 : 각 1명 이상
③ 초급·중급점검자 이상의 기술인력 : 각 1명 이상
④ 초급·중급·고급점검자 이상의 기술인력 : 각 2명 이상

해설

72 오답피하기
① 종합점검은 소방시설관리업에 등록된 기술인력 중 소방시설관리사 또는 소방안전관리자로 선임된 소방시설관리사 및 소방기술사가 실시할 수 있다.
② 종합점검 : 소방시설등의 작동기능점검을 포함하여 소방시설등의 설비별 주요 구성 부품의 구조기준이 화재안전기준과 「건축법」 등 관련 법령에서 정하는 기준에 적합한지 여부를 점검하는 것을 말한다.
③ 건축물의 사용승인일이 속하는 달의 말일까지 실시한다.

73 ④ 전문소방시설관리업의 보조기술인력 등록기준은 초급·중급·고급점검자 각 2명 이상 이다.

정답 ≫ 72. ④ 73. ④

02 소방시설 설치 및 관리에 관한 법률

74 「소방시설 설치 및 관리에 관한 법률」상 소방시설관리사의 자격의 취소·정지 사유로 옳지 않은 것은? (2019년 상반기 기출)
① 동시에 둘 이상의 업체에 취업한 경우
② 등록사항의 변경신고를 하지 아니한 경우
③ 소방시설관리사증을 다른 자에게 빌려준 경우
④ 소방안전관리 업무를 하지 아니하거나 거짓으로 한 경우

75 「소방시설 설치 및 관리에 관한 법률」상 소방시설관리업의 등록을 반드시 취소하여야 하는 사유로 옳지 않은 것은? (2021년 경력채용 기출)
① 자체점검 등을 하지 아니한 경우
② 소방시설관리업자가 피성년후견인인 경우
③ 거짓이나 그 밖의 부정한 방법으로 등록한 경우
④ 다른 자에게 등록증이나 등록수첩을 빌려준 경우

해설

74 오답피하기
② 등록사항의 변경신고를 하지 아니한 경우는 자격의 취소·정지 사유가 아니라 취소·정지 없이 200만원 이하의 과태료만 부과하는 사유에 해당한다.

75 ② 소방시설관리업자가 피성년후견인인 경우는 결격사유에 해당하여 반드시 취소하여야 하는 사유에 해당한다.
③ 거짓이나 그 밖의 부정한 방법으로 등록한 경우는 반드시 취소하여야 하는 사유에 해당한다.
④ 다른 자에게 등록증이나 등록수첩을 빌려준 경우는 반드시 취소하여야 하는 사유에 해당한다.

오답피하기
① '자체점검 등을 하지 아니한 경우'는 자격을 취소할 수 도 있지만 2년 이내의 기간을 정하여 그 자격의 정지를 명할 수 있는 사유에도 해당한다.

정답 ≫ 74. ② 75. ①

76 「소방시설 설치 및 관리에 관한 법률」상 소방시설관리사 또는 소방시설관리업에 대한 설명이다. 옳지 않은 것은?　　　(2017년 하반기 기출 변형)

① 소방시설관리사가 되려는 사람은 소방청장이 실시하는 소방시설관리사 시험에 합격하여야 한다.
② 소방청장이 정하여 고시하는 소방에 관한 실무경력이 3년 이상인 사람은 시험에 응시할 수 있다.
③ 기술인력, 장비 등 관리업의 등록기준에 관하여 필요한 사항은 대통령령으로 정한다.
④ 소방시설관리업의 등록이 취소된 날부터 1년이 경과한 경우 소방시설관리업을 등록할 수 있다.

77 「소방시설 설치 및 관리에 관한 법률 시행규칙」상 행정처분 시 감경사유로 옳지 않은 것은?
　　　(2023년 공채 기출)

① 경미한 위반사항으로, 유도등이 일시적으로 점등되지 않는 경우
② 경미한 위반사항으로, 스프링클러설비 헤드가 살수반경에 미치지 못하는 경우
③ 위반행위가 사소한 부주의나 오류가 아닌 고의에 의한 것으로 인정되는 경우
④ 위반 행위자가 처음 해당 위반행위를 한 경우로서 5년 이상 소방시설관리사의 업무, 소방시설관리업 등을 모범적으로 해 온 사실이 인정되는 경우

해설

76 오답피하기
④ 소방시설관리업의 등록이 취소된 날부터 <u>2년</u>이 경과한 경우 소방시설관리업을 등록할 수 있다. (소방시설법 제27조)

77 ▶ 행정처분시 감경 사유

가) 위반행위가 사소한 부주의나 오류 등 과실로 인한 것으로 인정되는 경우
나) 위반의 내용·정도가 경미하여 관계인에게 미치는 피해가 적다고 인정되는 경우
다) 위반 행위자가 처음 해당 위반행위를 한 경우로서 5년 이상 소방시설관리사의 업무, 소방시설관리업 등을 모범적으로 해 온 사실이 인정되는 경우
라) 그 밖에 다음의 경미한 위반사항에 해당되는 경우
　(1) 스프링클러설비 헤드가 살수반경에 미치지 못하는 경우
　(2) 자동화재탐지설비 감지기 2개 이하가 설치되지 않은 경우
　(3) 유도등이 일시적으로 점등되지 않는 경우
　(4) 유도표지가 정해진 위치에 붙어 있지 않은 경우

오답피하기
③ 위반행위가 고의가 아닌 <u>사소한 부주의나 오류 등 과실로 인한 것</u>으로 인정되어야 한다.

정답 ≫ 76. ④　77. ③

제5절 소방용품의 품질관리

78 「소방시설 설치 및 관리에 관한 법률」상 형식승인에 대한 설명이다. 빈칸에 들어갈 단어로 옳은 것은? (2017년 하반기 기출)

> 형식승인을 받지 아니한 소방용품을 (㉠)하거나 (㉡) 목적으로 (㉢)하거나 소방시설공사에 (㉣)할 수 없다.

	㉠	㉡	㉢	㉣
①	제조	제조	수입	사용
②	판매	판매	진열	사용
③	사용	사용	수입	설치
④	판매	진열	수입	설치

해설

78 누구든지 다음 각 호의 어느 하나에 해당하는 소방용품을 ㉠ <u>판매</u>하거나 ㉡ <u>판매</u> 목적으로 ㉢ <u>진열</u>하거나 소방시설공사에 ㉣ <u>사용</u>할 수 없다. (「소방시설 설치 및 관리에 관한 법률」 제37조 6항)

> 1. 형식승인을 받지 아니한 것
> 2. 형상 등을 임의로 변경한 것
> 3. 제품검사를 받지 아니하거나 합격표시를 하지 아니한 것

정답 ≫ 78. ②

제6절 보칙

79 「소방시설 설치 및 관리에 관한 법률」상 청문 사유로 옳지 않은 것은? (2021년 경력채용 기출)

① 성능인증의 취소
② 전문기관의 지정취소 및 업무정지
③ 소방용품의 형식승인 취소 및 제품검사 중지
④ 소방시설 설계업 및 방염업의 등록취소 및 영업정지

해설

79 「소방시설 설치 및 관리에 관한 법률」상의 청문 사유

1. 소방시설관리사 자격의 취소 및 정지
2. 소방시설관리업의 등록취소 및 영업정지
3. 소방용품의 형식승인 취소 및 제품검사 중지
4. 성능인증의 취소
5. 우수품질인증의 취소
6. 전문기관의 지정취소 및 업무정지

오답피하기
④ '소방시설 설계업 및 방염업의 등록취소 및 영업정지'는 소방시설업에 대한 처분이므로 「소방시설공사업법」상의 청문 사유에 해당한다.

정답 ≫ 79. ④

제7절 벌칙

80 「소방시설 설치 및 관리에 관한 법률」상 과태료 부과대상으로 옳은 것은?

(19년 상반기 경력채용 기출 변형)

① 자체점검 결과 중대위반사항을 발견하고도 알리지 아니한 관리업자등
② 성능위주설계평가단의 업무를 수행하면서 알게된 비밀을 이 법에서 정한 목적외의 용도로 사용한 자
③ 소방시설을 화재안전기준에 따라 설치·관리하지 아니한 자
④ 방염성능검사에 합격하지 아니한 물품에 합격표시를 하거나 합격표시를 위조하거나 변조하여 사용한 자

81 「소방시설 설치 및 관리에 관한 법률」상 방염성능검사에 합격하지 아니한 물품에 합격표시를 하거나 합격표시를 위조하거나 변조하여 사용한 자에 대한 벌칙의 기준으로 옳은 것은?

(2020년 경력채용 기출)

① 300만원 이하의 벌금
② 1천만원 이하의 벌금
③ 1년 이하의 징역 또는 1천만원 이하의 벌금
④ 3년 이하의 징역 또는 3천만원 이하의 벌금

해설

80 ① 300만원 이하의 벌금
    ② 300만원 이하의 벌금
    ③ <u>300만원 이하의 과태료</u>
    ④ 300만원 이하의 벌금

81 방염성능검사에 합격하지 아니한 물품에 합격표시를 하거나 합격표시를 위조하거나 변조하여 사용한 자는 <u>300만원 이하의 벌금</u>에 처한다.

정답 ≫ 80. ③ 81. ①

82 「소방시설 설치 및 관리에 관한 법률 시행령」 별표11의 과태료 부과 개별기준으로 옳은 것은?

(2022년 경력채용 기출 변형)

① 소방시설을 설치하지 않은 경우 : 과태료 200만원
② 법 제15조 제1항을 위반하여 임시소방시설을 설치·유지·관리하지 않은 경우 : 과태료 200만원
③ 수신반, 동력(감시)제어반 또는 소방시설용 전원(비상전원을 포함한다)을 차단하거나, 고장 난 상태로 방치하거나, 임의로 조작하여 자동으로 작동이 되지 않도록 한 경우 : 과태료 200만원
④ 소방시설이 작동하는 경우 소화배관을 통하여 소화수가 방수되지 않는 상태 또는 소화약제가 방출되지 않는 상태로 방치한 경우 : 과태료 300만원

해설

82 오답피하기

① 소방시설을 설치하지 않은 경우 : 과태료 <u>300만원</u>
② 법 제10조의2 제1항을 위반하여 임시소방시설을 설치·유지·관리하지 않은 경우 : 과태료 <u>300만원</u>
④ 소방시설이 작동하는 겨우 소화배관을 통하여 소화수가 방수되지 않는 상태 또는 소화약제가 방출되지 않는 상태로 방치한 경우 : 과태료 <u>200만원</u>

정답 ≫ 82. ③

Chatper 03 화재의 예방 및 안전관리에 관한 법률

제1절 화재의 예방 및 안전관리에 기본계획의 수립·시행

01 「화재의 예방 및 안전관리에 관한 법률」상 화재의 예방 및 안전관리 기본계획 등의 수립·시행에 관한 내용으로 옳지 않은 것은? (2017년 하반기 기출 변형)

① 소방청장은 화재예방정책을 체계적·효율적으로 추진하고 이에 필요한 기반 확충을 위하여 화재의 예방 및 안전관리에 관한 기본계획을 5년마다 수립·시행하여야 한다.
② 소방청장은 화재의 예방 및 안전관리에 관한 기본계획을 계획 시행 전년도 8월 31일까지 관계 중앙행정기관의 장과 협의를 마친 후 계획 시행 전년도 9월 30일까지 수립하여야 한다.
③ 기본계획에는 화재의 예방과 안전관리 관련 전문인력의 육성·지원 및 관리에 관한 사항이 포함된다.
④ 기본계획, 시행계획 및 세부시행계획 등의 수립·시행에 관하여 필요한 사항은 행정안전부령으로 정한다.

해설

01 오답피하기

④ 화재안전정책 기본계획, 시행계획 및 세부시행계획 등의 수립·시행에 관하여 필요한 사항은 대통령령으로 정한다. (「화재의 예방 및 안전관리에 관한 법률」 제4조 제8항)

정답 ≫ 01. ④

02 「화재의 예방 및 안전관리에 관한 법률」상 화재의 예방 및 안전관리기본계획 등의 수립 및 시행에 관한 내용으로 옳은 것은? (2019년 상반기 기출)
① 기본계획에는 화재의 예방과 안전관리 관련 산업의 국제경쟁력 향상에 관한 사항이 포함되어야 한다.
② 소방본부장은 기본계획을 시행하기 위하여 5년마다 시행계획을 수립·시행하여야 한다.
③ 기본계획은 행정안전부령으로 정하는 바에 따라 소방본부장이 관계 중앙행정기관의 장과 협의하여 수립한다.
④ 소방청장은 화재예방정책을 체계적·효율적으로 추진하고 이에 필요한 기반 확충을 위하여 화재안전정책에 관한 기본계획을 10년마다 수립·시행하여야 한다.

03 「화재의 예방 및 안전관리에 관한 법률」상 화재의 예방 및 안전관리 기본계획 등의 수립·시행에 대한 내용으로 옳지 않은 것은? (2022년 경력채용 기출 변형)
① 소방청장은 화재예방정책을 체계적·효율적으로 추진하고 이에 필요한 기반 확충을 위하여 화재의 예방 및 안전관리에 관한 기본계획을 10년마다 수립·시행하여야 한다.
② 소방청장은 기본계획을 시행하기 위하여 매년 시행계획을 수립·시행하여야 한다.
③ 기본계획, 시행계획 및 세부시행계획의 수립·시행에 관하여 필요한 사항은 대통령령으로 정한다.
④ 소방청장은 기본계획 및 시행계획을 수립하기 위하여 필요한 경우에는 관계 중앙행정기관의 장 또는 시·도지사에게 관련 자료의 제출을 요청할 수 있다.

해설

02 오답피하기
② 소방청장은 기본계획을 시행하기 위하여 매년 시행계획을 수립·시행하여야 한다.
③ 기본계획은 대통령령으로 정하는 바에 따라 소방청장이 관계 중앙행정기관의 장과 협의하여 수립한다.
④ 소방청장은 화재예방정책을 체계적·효율적으로 추진하고 이에 필요한 기반 확충을 위하여 화재안전정책에 관한 기본계획을 5년마다 수립·시행하여야 한다.

03 오답피하기
① 소방청장은 화재예방정책을 체계적·효율적으로 추진하고 이에 필요한 기반 확충을 위하여 화재의 예방 및 안전관리에 관한 기본계획을 5년마다 수립·시행하여야 한다.

정답 ≫ 02. ① 03. ①

제2절 화재안전조사

04 「화재의 예방 및 안전관리에 관한 법률」상의 화재안전조사에 관한 설명으로 옳지 않은 것은?

(2018년 하반기 기출 변형)

① 소방관서장은 화재안전조사를 실시하려는 경우 사전에 관계인에게 조사대상, 조사기간 및 조사사유 등을 우편, 전화, 전자메일 또는 문자전송 등을 통하여 통지하고 이를 대통령령으로 정하는 바에 따라 인터넷 홈페이지나 전산시스템 등을 통하여 공개하여야 한다.
② 화재안전조사는 관계인의 승낙 없이 소방대상물의 공개시간 또는 근무시간 이외에는 할 수 없다.
③ 화재안전조사 결과에 따른 조치명령으로 인한 손실을 보상하는 경우에는 시가(時價)로 보상하여야 한다.
④ 화재안전조사 업무를 수행하면서 알게 된 비밀을 목적 외의 용도로 사용한 자는 300만원 이하의 벌금에 처한다.

해설

04 오답피하기

④ 화재안전조사 업무를 수행하면서 알게 된 비밀을 목적 외의 용도로 사용한 자는 <u>1년 이하의 징역 또는 1천만원 이하의 벌금</u>에 처한다. (「화재의 예방 및 안전관리에 관한 법률」 제50조)

정답 ≫ 04. ④

05 「화재의 예방 및 안전관리에 관한 법률」상 화재안전조사의 방법·절차에 대한 설명으로 옳지 않은 것은? (2016년 소방간부 기출 변형)

① 화재안전조사는 관계인의 승낙 없이 소방대상물의 공개시간 또는 근무시간 이외에는 할 수 없다.
② 소방관서장은 화재안전조사를 마친 때에는 그 조사결과를 관계인에게 서면으로 통지하여야 한다.
③ 소방관서장은 화재안전조사를 하려면 5일 전에 관계인에게 조사대상, 조사기간 및 조사사유 등을 서면으로 알려야 한다.
④ 연기신청을 받은 소방관서장은 연기신청 승인 여부를 결정하고 그 결과를 조사 개시 전까지 관계인에게 알려주어야 한다.
⑤ 화재안전조사의 방법 및 절차에 필요한 사항은 대통령령으로 정한다.

06 「화재의 예방 및 안전관리에 관한 법률」 및 같은 법 시행령상 화재안전조사에 관한 설명으로 옳지 않은 것은? (2018년 상반기 경력채용 기출 변형)

① 개인의 주거(실제 주거용도로 사용되는 경우에 한정)에 대한 화재안전조사는 관계인의 승낙이 있거나 화재발생의 우려가 뚜렷하여 긴급한 필요가 있는 때에 한정한다.
② 소방관서장은 화재안전조사를 실시하려는 경우 사전에 관계인에게 조사대상, 조사기간 및 조사사유 등을 우편, 전화, 전자메일 또는 문자전송 등을 통하여 통지하고 이를 대통령령으로 정하는 바에 따라 인터넷 홈페이지나 전산시스템 등을 통하여 공개하여야 한다.
③ 시·도지사는 화재안전조사의 대상을 객관적이고 공정하게 선정하기 위하여 필요한 경우 화재안전조사위원회를 구성하여 화재안전조사의 대상을 선정할 수 있다.
④ 화재안전조사위원회는 위원장 1명을 포함한 7명 이내의 위원으로 성별을 고려하여 구성한다.

해설

05 오답피하기

③ 소방관서장은 화재안전조사를 실시하려는 경우 사전에 관계인에게 조사대상, 조사기간 및 조사사유 등을 우편, 전화, 전자메일 또는 문자전송 등을 통하여 통지하고 이를 대통령령으로 정하는 바에 따라 인터넷 홈페이지나 전산시스템 등을 통하여 공개하여야 한다.

06 오답피하기

③ 소방관서장은 화재안전조사의 대상을 객관적이고 공정하게 선정하기 위하여 필요한 경우 화재안전조사위원회를 구성하여 화재안전조사의 대상을 선정할 수 있다. (소방시설법 제10조 제1항)

정답 ≫ 05. ③ 06. ③

03 화재의 예방 및 안전관리에 관한 법률

07 「화재의 예방 및 안전관리에 관한 법률」 및 같은 법 시행령상 화재안전조사에 관한 설명으로 옳지 않은 것은? (2019년 상반기 경력채용)

① 소방청장, 소방본부장 또는 소방서장은 관할구역에 있는 소방대상물, 관계 지역 또는 관계인에 대하여 소방시설 등이 이 법 또는 소방 관계 법령에 적합하게 설치·유지·관리되고 있는지, 소방대상물에 화재, 재난·재해 등의 발생 위험이 있는지 등을 확인하기 위하여 관계 공무원으로 하여금 화재안전조사를 하게 할 수 있다.
② 개인의 주거(실제 주거용도로 사용되는 경우에 한정)에 대하여는 관계인의 승낙이 있거나 화재 발생의 우려가 뚜렷하여 긴급한 필요가 있는 때에 한정하여 화재안전조사를 실시할 수 있다.
③ 국가적 행사 등 주요 행사가 개최되는 장소 및 그 주변의 관계 지역에 대하여 소방안전관리 실태를 점검할 필요가 있는 경우 화재안전조사를 실시할 수 있다.
④ 화재안전조사위원회는 위원장 1명을 제외한 7명 이내의 위원으로 성별을 고려하여 구성한다.

08 「화재의 예방 및 안전관리에 관한 법률」 및 같은법 시행령상 화재안전조사 결과에 따른 조치명령과 손실보상에 관한 설명으로 옳지 않은 것은? (2019년 상반기 경력채용)

① 소방청장 또는 시·도지사가 손실을 보상하는 경우에는 원가로 보상하여야 한다.
② 손실보상에 관하여는 소방청장, 시·도지사와 손실을 입은 자가 협의하여야 한다.
③ 보상금액에 관한 협의가 성립되지 아니한 경우에는 소방청장 또는 시·도지사는 그 보상금액을 지급하거나 공탁하고 이를 상대방에게 알려야 한다.
④ 보상금의 지급 또는 공탁의 통지에 불복하는 자는 지급 또는 공탁의 통지를 받은 날부터 30일 이내에 중앙토지수용위원회 또는 관할 지방토지수용위원회에 재결을 신청할 수 있다.

해설

07 오답피하기
④ 화재안전조사위원회는 위원장 1명을 <u>포함한</u> 7명 이내의 위원으로 성별을 고려하여 구성한다.

08 오답피하기
① 소방청장 또는 시·도지사가 손실을 보상하는 경우에는 <u>시가로</u> 보상하여야 한다.

정답 ≫ 07. ④ 08. ①

09 「화재의 예방 및 안전관리에 관한 법률」 및 동법 시행령상 화재안전조사에 관한 내용으로 옳지 않은 것은? (2022년 소방간부 기출 변형)

① 화재안전조사는 관계인이 이 법 또는 다른 법령에 따라 실시하는 소방시설등, 방화시설, 피난시설 등에 대한 자체점검 등이 불성실하거나 불완전하다고 인정되는 경우 실시한다.
② 화재안전조사는 국가적 행사 등 주요 행사가 개최되는 장소 및 그 주변의 관계 지역에 대하여 소방안전관리 실태를 점검할 필요가 있는 경우 실시한다.
③ 소방관서장은 필요한 경우에는 소방기술사, 소방시설관리사, 그 밖에 화재안전 분야에 전문지식을 갖춘 사람을 화재안전조사에 참여하게 할 수 있다.
④ 화재안전조사위원회는 위원장 1명을 포함한 15명 이내의 위원으로 성별을 고려하여 구성하고, 위원장은 소방관서장이 된다.
⑤ 소방관서장은 화재안전조사의 대상을 객관적이고 공정하게 선정하기 위하여 필요하면 화재안전조사위원회를 구성하여 화재안전조사의 대상을 선정할 수 있다.

10 「화재의 예방 및 안전관리에 관한 법률」 및 같은 법 시행령, 시행규칙상 화재안전조사의 방법·절차 등에 대한 설명으로 옳지 않은 것은? (2022년 기출 변형)

① 소방관서장은 화재안전조사를 마친 때에는 그 조사 결과를 관계인에게 서면 또는 구두로 통지하여야 한다.
② 소방관서장은 화재안전조사를 실시하려는 경우 사전에 관계인에게 조사대상, 조사기간 및 조사사유 등을 우편, 전화, 전자메일 또는 문자전송 등을 통하여 통지하고 이를 대통령령으로 정하는 바에 따라 인터넷 홈페이지나 전산시스템 등을 통하여 공개하여야 한다.
③ 화재안전조사의 연기를 승인한 경우라도 연기기간이 끝나기 전에 연기사유가 없어졌거나 긴급히 조사를 하여야 할 사유가 발생하였을 때에는 관계인에게 통보하고 화재안전조사를 할 수 있다.
④ 화재안전조사의 연기를 신청하려는 관계인은 화재안전조사 시작 3일전까지 화재안전조사 연기신청서에 화재안전조사를 받기가 곤란함을 증명할 수 있는 서류를 첨부하여 소방청장, 소방본부장 또는 소방서장에게 제출하여야 한다.

해설

09 오답피하기
④ 화재안전조사위원회는 위원장 1명을 포함한 7명 이내의 위원으로 성별을 고려하여 구성하고, 위원장은 소방관서장이 된다.

10 ① 소방관서장은 화재안전조사를 마친 때에는 그 조사 결과를 관계인에게 서면으로 통지하여야 한다.

정답 ≫ 09. ④ 10. ①

03 화재의 예방 및 안전관리에 관한 법률

11 「화재예방, 소방시설 설치·유지 및 안전관리에 관한 법률」 및 같은 법 시행령상 화재안전조사단의 편성·운영 등에 관한 설명으로 옳지 않은 것은? (2022년 경력채용 기출 변형)

① 중앙화재안전조사단 및 지방화재안전조사단은 단장을 포함하여 50명 이내의 단원으로 성별을 고려하여 구성한다.
② 소방관서장은 화재안전조사를 효율적으로 수행하기 위하여 대통령령으로 정하는 바에 따라 소방청에는 중앙화재조사단을, 소방본부 및 소방서에는 지방화재안전조사단을 편성하여 운영하여야 한다.
③ 화재안전조사단의 단장은 단원 중에서 소방관서장이 임명 또는 위촉한다.
④ 소방공무원은 중앙화재안전조사단의 단원으로 임명 또는 위촉될 수 있다.

12 「화재의 예방 및 안전관리에 관한 법률」 및 같은 법 시행령상 화재안전조사 결과에 따른 조치명령, 손실보상의 내용으로 옳지 않은 것은? (2023년 경력채용 기출)

① 화재안전조사 결과에 따른 소방대상물의 조치명령권자는 소방관서장이다.
② 화재안전조사 결과에 따른 조치명령으로 소방청장 또는 시·도지사가 손실을 보상하는 경우에는 시가(時價)의 2배로 보상해야 한다.
③ 소방청장 또는 시·도지사는 보상금액에 관한 협의가 성립되지 않은 경우에는 그 보상금액을 지급하거나 공탁하고 이를 상대방에게 알려야 한다.
④ 소방관서장은 화재안전조사 결과에 따른 소방대상물의 위치·구조·설비 또는 관리의 상황이 화재예방을 위하여 보완될 필요가 있거나 화재가 발생하면 인명 또는 재산의 피해가 클 것으로 예상되는 때에는 행정안전부령으로 정하는 바에 따라 관계인에게 그 소방대상물의 개수(改修)·이전·제거, 사용의 금지 또는 제한, 사용폐쇄, 공사의 정지 또는 중지, 그 밖에 필요한 조치를 명할 수 있다.

해설

11 오답피하기
② 소방관서장은 화재안전조사를 효율적으로 수행하기 위하여 대통령령으로 정하는 바에 따라 소방청에는 중앙화재조사단을, 소방본부 및 소방서에는 지방화재안전조사단을 편성하여 <u>운영할 수 있다</u>.

12 오답피하기
② 화재안전조사 결과에 따른 조치명령으로 소방청장 또는 시·도지사가 손실을 보상하는 경우에는 <u>시가(時價)로</u> 보상해야 한다.

정답 ≫ 11. ② 12. ②

제3절 화재의 예방조치

13 「화재의 예방 및 안전관리에 관한 법」 및 같은 법 시행령 상 화재의 예방조치 등에 대한 설명으로 옳지 않은 것은? (2017년 상반기 기출 변형)

① 소방관서장은 법 제17조 제2항에 따라 옮긴 물건을 보관하는 경우에는 그 날부터 14일 동안 소방청, 소방본부 또는 소방서의 인터넷 홈페이지 또는 게시판에 그 사실을 공고하여야 한다.
② 소방관서장은 매각되거나 폐기된 옮긴 물건의 소유자가 보상을 요구하는 경우에는 보상금액에 대하여 소유자와 협의를 거쳐 이를 보상하여야 한다.
③ 옮긴 물건 등에 대한 보관기간 및 보관기간 경과 후 처리 등에 필요한 사항은 대통령령으로 정한다.
④ 옮긴 물건 등에 대한 보관기간은 소방관서 홈페이지 또는 게시판에 공고하는 기간의 종료일로부터 7일로 한다.

14 「화재의 예방 및 안전관리에 관한 법」상 화재의 예방조치 등에 대한 설명이다. ( ) 안의 내용으로 옳은 것은? (2018년 하반기 경력채용 기출 변형)

> 소방관서장은 「화재의 예방 및 안전관리에 관한 법」 제17조 제2항에 따라 옮긴 물건을 보관하는 경우에는 그 날부터 ( )일 동안 소방청, 소방본부 또는 소방서의 인터넷 홈페이지 또는 게시판에 그 사실을 공고하여야 한다.

① 7
② 10
③ 12
④ 14

해설

13 오답피하기
④ 옮긴 물건 등에 대한 보관기간은 소방관서 홈페이지 또는 게시판에 공고하는 기간의 <u>종료일 다음 날부터</u> 7일로 한다.

14 소방관서장은 「화재의 예방 및 안전관리에 관한 법」 제17조 제2항에 따라 옮긴 물건을 보관하는 경우에는 그 날부터 (<u>14</u>)일 동안 소방청, 소방본부 또는 소방서의 인터넷 홈페이지 또는 게시판에 그 사실을 공고하여야 한다.

정답 ≫ 13. ④ 14. ④

03 화재의 예방 및 안전관리에 관한 법률

15 「화재의 예방 및 안전관리에 관한 법률」 및 같은 법 시행령상 화재의 예방조치 등으로 옳지 않은 것은? (2021년 기출 변형)

① 소방관서장은 보관기간이 종료되는 때에는 보관하고 있는 옮긴 물건을 매각해야 한다.
② 옮긴 물건 등에 대한 보관기간은 소방관서 홈페이지 또는 게시판에 공고하는 기간의 종료일 다음 날부터 7일로 한다.
③ 소방관서장은 옮긴 물건을 보관하는 경우에는 그 날부터 14일 동안 소방청, 소방본부 또는 소방서의 인터넷 홈페이지 또는 게시판에 그 사실을 공고하여야 한다.
④ 시·도지사는 매각되거나 폐기된 옮긴 물건의 소유자가 보상을 요구하는 경우에는 보상금액에 대하여 소유자와 협의를 거쳐 이를 보상하여야 한다.

16 화재의 예방 및 안전관리에 관한 법령상 화재예방강화지구에 관한 설명으로 옳지 않은 것은? (2018년 소방안전교육사)

① 목조건물이 밀집한 지역으로 화재가 발생할 우려가 높거나 화재가 발생하는 경우 그로 인하여 피해가 클 것으로 예상되는 지역은 화재예방강화지구로 지정할 수 있다.
② 소방청장이 화재예방강화지구로 지정할 필요가 있는 지역을 화재예방강화지구로 지정하지 아니하는 경우 해당 시·도지사는 소방청장에게 해당 지역의 화재예방강화지구 지정을 요청할 수 있다.
③ 소방관서장은 화재예방강화지구 안의 소방대상물의 위치·구조 및 설비 등에 대한 화재안전조사를 연 1회 이상 실시하여야 한다.
④ 소방관서장은 화재예방강화지구 안의 관계인에 대하여 필요한 훈련 및 교육을 연 1회 이상 실시할 수 있다.

해설

15 오답피하기
④ 소방관서장은 매각되거나 폐기된 옮긴 물건의 소유자가 보상을 요구하는 경우에는 보상금액에 대하여 소유자와 협의를 거쳐 이를 보상하여야 한다.

16 오답피하기
② 시·도지사가 화재예방강화지구로 지정할 필요가 있는 지역을 화재예방강화지구로 지정하지 아니하는 경우 소방청장은 해당 시·도지사에게 해당 지역의 화재예방강화지구 지정을 요청할 수 있다. (「화재의 예방 및 안전관리에 관한 법률」 제18조 제2항)

정답 ≫ 15. ④ 16. ②

17 「화재의 예방 및 안전관리에 관한 법률」상 화재예방강화지구의 지정에 대한 내용으로 옳지 않은 것은?

(2018년 하반기 기출)

① 소방관서장은 화재가 발생하는 경우 그로 인하여 피해가 클 것으로 예상되는 지역을 화재예방강화지구로 지정할 수 있다.
② 석유화학제품을 생산하는 공장이 있는 지역을 화재예방강화지구로 지정할 수 있다.
③ 위험물의 저장 및 처리시설이 있는 지역을 화재예방강화지구로 지정할 수 있다.
④ 공장·창고가 밀집한 지역을 화재예방강화지구로 지정할 수 있다.

18 「화재의 예방 및 안전관리에 관한 법률」상 화재예방강화지구로 지정할 수 있는 대상을 모두 고른 것은?

(2020년 경력채용 기출)

> ㉠ 시장지역
> ㉡ 목조건물이 밀집한 지역
> ㉢ 위험물의 저장 및 처리 시설이 밀집한 지역
> ㉣ 석유화학제품을 생산하는 공장이 있는 지역

① ㉠, ㉡
② ㉢, ㉣
③ ㉠, ㉢, ㉣
④ ㉠, ㉡, ㉢, ㉣

해설

17 오답피하기

① 시·도지사는 화재가 발생할 우려가 높거나 화재가 발생하는 경우 그로 인하여 피해가 클 것으로 예상되는 지역을 화재예방강화지구로 지정할 수 있다.

18 [화재의 예방 및 안전관리에 관한 법률 제18조] 화재예방강화지구 지정 지역

1. ㉠ 시장지역
2. 공장·창고가 밀집한 지역
3. ㉡ 목조건물이 밀집한 지역
4. 노후·불량건축물이 밀집한 지역
5. ㉢ 위험물의 저장 및 처리 시설이 밀집한 지역
6. ㉣ 석유화학제품을 생산하는 공장이 있는 지역
7. 산업단지
8. 소방시설·소방용수시설 또는 소방출동로가 없는 지역
9. 물류단지
10. 그 밖에 제1호부터 제8호까지에 준하는 지역으로서 소방관서장이 화재예방강화지구로 지정할 필요가 있다고 인정하는 지역

정답 ≫ 17. ① 18. ④

03 화재의 예방 및 안전관리에 관한 법률

19 「화재의 예방 및 안전관리에 관한 법률」상 시·도지사가 화재예방강화지구로 지정하여 관리해야 하는 지역으로 옳은 것만을 〈보기〉에서 있는 대로 고른 것은? (2023년 소방간부 기출)

> ㄱ. 시장지역
> ㄴ. 공장·창고가 밀집한 지역
> ㄷ. 노후·불량건축물이 밀집한 지역
> ㄹ. 위험물의 저장 및 처리 시설이 밀집한 지역

① ㄱ, ㄴ
② ㄱ, ㄷ
③ ㄴ, ㄹ
④ ㄱ, ㄴ, ㄹ
⑤ ㄱ, ㄴ, ㄷ, ㄹ

20 「화재의 예방 및 안전관리에 관한 법률」상 시·도지사가 화재예방강화지구로 지정할 필요가 있는 지역을 화재예방강화지구로 지정하지 아니하는 경우 해당 시·도지사에게 해당 지역의 화재예방강화지구 지정을 요청할 수 있는 사람은 누구인가? (2018년 상반기 기출)

① 행정안전부장관
② 소방본부장
③ 소방서장
④ 소방청장

해설

19 ⑤ 모두 화재예방강화지구에 해당된다. [화재예방법 제18조]

20 시·도지사가 화재예방강화지구로 지정할 필요가 있는 지역을 화재예방강화지구로 지정하지 아니하는 경우 <u>소방청장</u>은 해당 시·도지사에게 해당 지역의 <u>화재예방강화지구 지정</u>을 요청할 수 있다. (「화재의 예방 및 안전관리에 관한 법률」 제18조 제2항)

정답 ≫ 19. ⑤ 20. ④

21 「화재의 예방 및 안전관리에 관한 법률 시행령」상 화재예방강화지구에 관한 설명으로 옳은 것은?

(2019년 상반기 경력채용 기출 변형)

① 시·도지사는 화재예방강화지구 안의 소방대상물의 위치·구조 및 설비 등에 대한 화재안전조사를 연 1회 이상 실시하여야 한다.
② 소방관서장은 화재예방강화지구 안의 관계인에 대하여 소방에 필요한 훈련 또는 교육을 연 1회 이상 실시할 수 있다.
③ 소방관서장은 소방상 필요한 훈련 및 교육을 실시하고자 하는 때에 화재예방강화지구 안의 관계인에게 훈련 또는 교육 30일 전까지 그 사실을 통보하여야 한다.
④ 소방관서장은 화재예방강화지구의 지정 현황 등이 포함된 화재예방강화지구에서의 화재예방에 필요한 자료를 매년 작성·관리하여야 한다.

22 「화재의 예방 및 안전관리에 관한 법률 시행령」상 화재예방강화지구에 대한 내용으로 옳지 않은 것은?

(2021년 경력채용 기출 변형)

① 시·도지사는 화재안전조사의 결과 등을 대통령령으로 정하는 화재예방강화지구 관리대장에 작성하고 관리하여야 한다.
② 소방관서장은 화재예방강화지구 안의 관계인에 대하여 소방에 필요한 훈련 및 교육을 연 1회 이상 실시할 수 있다.
③ 소방관서장은 화재예방강화지구 안의 소방대상물의 위치·구조 및 설비 등에 대한 화재안전조사를 연 1회 이상 실시하여야 한다.
④ 소방관서장은 소방에 필요한 훈련 및 교육을 실시하려는 경우에는 화재예방강화지구 안의 관계인에게 훈련 또는 교육 10일 전까지 그 사실을 통보하여야 한다.

해설

21 오답피하기

① 소방관서장은 화재예방강화지구 안의 소방대상물의 위치·구조 및 설비 등에 대한 화재안전조사를 연 1회 이상 실시하여야 한다.
③ 소방본부장 또는 소방서장은 소방상 필요한 훈련 및 교육을 실시하고자 하는 때에 화재예방강화지구 안의 관계인에게 훈련 또는 교육 10일 전까지 그 사실을 통보하여야 한다.
④ 시·도지사는 화재예방강화지구의 지정 현황 등이 포함된 화재예방강화지구에서의 화재예방에 필요한 자료를 매년 작성·관리하여야 한다.

22 오답피하기

① 시·도지사는 화재안전조사의 결과 등을 행정안전부령으로 정하는 화재예방강화지구 관리대장에 작성하고 관리하여야한다.

정답 ≫ 21. ② 22. ①

23 「화재의 예방 및 안전관리에 관한 법률」상 화재예방강화지구의 관리에 대한 설명이다. (   )안에 들어갈 내용으로 옳은 것은?

(2022년 기출 변형)

- 소방관서장은 화재예방강화지구 안의 소방대상물의 위치·구조 및 설비 등에 대한 화재안전조사를 연 (ㄱ)회 이상 실시하여야 한다.
- 소방관서장은 화재예방강화지구 안의 관계인에 대하여 소방상 필요한 훈련 및 교육을 연 (ㄴ)회 이상 실시할 수 있다.
- 소방관서장은 소방에 필요한 훈련 및 교육을 실시하려는 경우에는 화재예방강화지구 안의 관계인에게 훈련 또는 교육 (ㄷ)일 전까지 그 사실을 통보하여야 한다.

	ㄱ	ㄴ	ㄷ
①	1	1	5
②	1	1	10
③	2	2	5
④	2	2	10

해설

23
- 소방관서장은 화재예방강화지구 안의 소방대상물의 위치·구조 및 설비 등에 대한 화재안전조사를 연 (ㄱ 1)회 이상 실시하여야 한다.
- 소방관서장은 화재예방강화지구 안의 관계인에 대하여 소방상 필요한 훈련 및 교육을 연 (ㄴ 1)회 이상 실시할 수 있다.
- 소방관서장은 소방에 필요한 훈련 및 교육을 실시하려는 경우에는 화재예방강화지구 안의 관계인에게 훈련 또는 교육 (ㄷ 10)일 전까지 그 사실을 통보하여야 한다.

정답 ≫ 23. ②

24 「화재의 예방 및 안전관리에 관한 법률 시행령」상 노·화덕 설비의 설치기준으로 옳지 않은 것은?

(2017년 하반기 기출)

① 시간당 열량이 30만킬로칼로리 이상인 노를 설치하는 경우에 주요구조부는 난연재료로 하여야 한다.
② 시간당 열량이 30만킬로칼로리 이상인 노를 설치하는 경우에 노 주위에는 1미터 이상 공간을 확보하여야 한다.
③ 노 또는 화덕의 주위에는 녹는 물질이 확산되지 아니하도록 0.1미터 이상의 턱을 설치하여야 한다.
④ 실내에 설치하는 경우에는 흙바닥 또는 금속 외의 불연재료로 된 바닥이나 흙바닥에 설치하여야 한다.

25 「화재의 예방 및 안전관리에 관한 법률 시행령」상 보일러 등의 위치·구조 및 관리와 화재예방을 위하여 불의 사용에 있어서 지켜야 하는 사항 중 '난로'에 대한 설명이다. (   ) 안의 내용으로 옳게 연결된 것은?

(2018년 하반기 경력채용)

> 연통은 천장으로부터 (㉠)m 이상 떨어지고, 건물 밖으로 (㉡)m 이상 나오게 설치하여야 한다.

	㉠	㉡			㉠	㉡
①	0.5	0.6		②	0.6	0.6
③	0.5	0.5		④	0.6	0.5

해설

24 오답피하기

① 시간당 열량이 30만킬로칼로리 이상인 노를 설치하는 경우에 주요구조부는 <u>불연재료</u>로 하여야 한다.

25 연통은 천장으로부터 (㉠ <u>0.6</u>)m 이상 떨어지고, 건물 밖으로 (㉡ <u>0.6</u>)m 이상 나오게 설치하여야 한다.

정답 ≫ 24. ① 25. ②

03 화재의 예방 및 안전관리에 관한 법률

26 「화재의 예방 및 안전관리에 관한 법률 시행령」상 불을 사용하는 설비의 관리기준 등에 대한 설명이다. ( )안에 들어갈 숫자로 옳은 것은? (2019년 상반기 기출)

- 보일러 : 보일러와 벽·천장 사이의 거리는 (가)미터 이상 되도록 하여야 한다.
- 난로 : 연통은 천장으로부터 (나)미터 이상 떨어지고, 건물 밖으로 0.6미터 이상 나오게 설치하여야 한다.
- 건조설비 : 건조설비와 벽·천장 사이의 거리는 (다)미터 이상 되도록 하여야 한다.
- 음식조리를 위하여 설치하는 설비 : 열을 발생하는 조리기구는 반자 또는 선반으로부터 (라)미터 이상 떨어지게 해야 한다.

	(가)	(나)	(다)	(라)
①	0.5	0.6	0.6	0.6
②	0.6	0.6	0.5	0.6
③	0.6	0.5	0.6	0.6
④	0.6	0.6	0.5	0.5

해설

26
- 보일러 : 보일러와 벽·천장 사이의 거리는 (㉮ 0.6)미터 이상 되도록 하여야 한다.
- 난로 : 연통은 천장으로부터 (㉯ 0.6)미터 이상 떨어지고, 건물 밖으로 0.6미터 이상 나오게 설치하여야 한다.
- 건조설비 : 건조설비와 벽·천장 사이의 거리는 (㉰ 0.5)미터 이상 되도록 하여야 한다.
- 음식조리를 위하여 설치하는 설비 : 열을 발생하는 조리기구는 반자 또는 선반으로부터 (㉱ 0.6)미터 이상 떨어지게 해야 한다.

정답 ≫ 26. ②

27 「화재의 예방 및 안전관리에 관한 법률 시행령」상 보일러 등의 위치·구조 및 관리와 화재예방을 위하여 불을 사용에 있어서 지켜야 하는 사항으로 옳지 않은 것은? (2019년 상반기 경력채용)

① '보일러'와 벽·천장 사이의 거리는 0.6미터 이상 되도록 하여야 한다.
② '난로' 연통은 천장으로부터 0.6미터 이상 떨어지고, 건물 밖으로 0.6미터 이상 나오게 설치하여야 한다.
③ '건조설비'와 벽·천장 사이의 거리는 0.5미터 이상 되도록 하여야 한다.
④ '불꽃을 사용하는 용접·용단기구' 작업장에서는 용접 또는 용단 작업자로부터 반경 10미터 이내에 소화기를 갖추어야 한다.

28 「화재의 예방 및 안전관리에 관한 법률 시행령」상 보일러 등의 위치·구조 및 관리와 화재예방을 위하여 불의 사용에 있어서 지켜야 하는 사항으로, 용접 또는 용단 작업장에서 지켜야 할 사항이다. ( ) 안에 들어갈 내용으로 옳은 것은? (단, 「산업안전보건법」 제38조의 적용을 받는 사업장의 경우에는 적용하지 아니한다.) (2020년 공채 기출)

- 용접 또는 용단 작업자로부터 (가) 이내에 소화기를 갖추어 둘 것
- 용접 또는 용단 작업장 주변 (나) 이내에는 가연물을 쌓아두거나 놓아두지 말 것. 다만, 가연물의 제거가 곤란하여 방지포 등으로 방호조치를 한 경우는 제외한다.

	(가)	(나)
①	반경 5m	반경 10m
②	반경 6m	반경 12m
③	직경 5m	직경 10m
④	직경 6m	직경 12m

해설

27 오답피하기
④ '불꽃을 사용하는 용접·용단기구' 작업장에서는 용접 또는 용단 작업자로부터 반경 5미터 이내에 소화기를 갖추어야 한다.

28
- 용접 또는 용단 작업자로부터 (가. 반경 5m) 이내에 소화기를 갖추어 둘 것
- 용접 또는 용단 작업장 주변 (나. 반경 10m) 이내에는 가연물을 쌓아두거나 놓아두지 말 것. 다만, 가연물의 제거가 곤란하여 방지포 등으로 방호조치를 한 경우는 제외한다.

정답 ≫ 27. ④ 28. ①

03 화재의 예방 및 안전관리에 관한 법률

29 「화재의 예방 및 안전관리에 관한 법률 시행령」상 일반음식점에서 조리를 위하여 불을 사용하는 설비를 설치할 때 지켜야 할 사항으로 옳지 않은 것은? (2020년 경력채용 기출)

① 주방시설에는 동물 또는 식물의 기름을 제거할 수 있는 필터 등을 설치할 것
② 열을 발생하는 조리기구는 반자 또는 선반으로부터 0.5미터 이상 떨어지게 할 것
③ 주방설비에 부속된 배기닥트는 0.5밀리미터 이상의 아연도금강판 또는 이와 동등 이상의 내식성 불연재료로 설치할 것
④ 열을 발생하는 조리기구로부터 0.15미터 이내의 거리에 있는 가연성 주요구조부는 단열성이 있는 불연재료로 덮어 씌울 것

30 「화재의 예방 및 안전관리에 관한 법률 시행령」상 특수가연물의 종류로 옳지 않은 것은? (2018년 상반기 기출)

① 200kg인 면화류
② 350kg인 나무껍질
③ 1000kg인 사류
④ 1200kg인 볏짚류

해설

29 오답피하기
② 열을 발생하는 조리기구는 반자 또는 선반으로부터 0.6미터 이상 떨어지게 할 것
cf) 벽·천장으로부터 0.5미터 이상이 되도록 하여야 하는 것은 건조설비이다.

30 오답피하기
② 나무껍질 및 대팻밥의 기준은 400kg이므로, 350kg인 나무껍질은 특수가연물에 해당하지 않는다.

정답 ≫ 29. ② 30. ②

31 「화재의 예방 및 안전관리에 관한 법률 시행령」상 규정하고 있는 특수가연물의 품명과 기준수량의 연결이 옳지 않은 것은?
(2018년 하반기 경력채용)

① 면화류 : 1,000kg 이상
② 사류 : 1,000kg 이상
③ 볏짚류 : 1,000kg 이상
④ 넝마 및 종이부스러기 : 1,000kg 이상

32 「화재의 예방 및 안전관리에 관한 법률 시행령」상 특수가연물의 품명과 수량으로 옳지 않은 것은?
(2021년 경력채용 기출)

① 넝마 및 종이부스러기 : 400킬로그램 이상
② 가연성고체류 : 3,000킬로그램 이상
③ 석탄·목탄류 : 10,000킬로그램 이상
④ 가연성액체류 : 2세제곱미터 이상

33 「화재의 예방 및 안전관리에 관한 법률 시행령」상 화재의 확대가 빠른 특수가연물의 품명 및 수량으로 옳은 것은?
(2023년 소방간부 기출)

① 넝마 : 500킬로그램 이상
② 사류 : 1,000킬로그램 이상
③ 면화류 : 100킬로그램 이상
④ 가연성고체류 : 2,000킬로그램 이상
⑤ 석탄 목탄류 : 3,000킬로그램 이상

해설

31 오답피하기
① 면화류 : 200kg 이상

32 오답피하기
① 넝마 및 종이부스러기 : 1,000킬로그램 이상

33 오답피하기
① 넝마 : 1,000킬로그램 이상
③ 면화류 : 200킬로그램 이상
④ 가연성고체류 : 3,000킬로그램 이상
⑤ 석탄·목탄류 : 10,000킬로그램 이상

정답 >>> 31. ① 32. ① 33. ②

03 화재의 예방 및 안전관리에 관한 법률

34 「화재의 예방 및 안전관리에 관한 법률 시행령」상 화재가 발생하는 경우 불길이 빠르게 번지는 고무류·면화류 등 대통령령으로 정하는 특수가연물의 저장 및 취급기준 중 다음 ( ) 안에 들어갈 숫자로 옳은 것은? (단, 석탄·목탄류의 경우는 제외한다.) *(2020년 경력채용 기출 변형)*

> 살수설비를 설치하거나, 방사능력 범위에 해당 특수가연물이 포함되도록 대형수동식소화기를 설치하는 경우에는 쌓는 높이를 (가)미터 이하, 쌓는 부분의 바닥면적을 (나)제곱미터 이하, 석탄·목탄류의 경우에는 (다)세제곱미터 이하로 하여야 한다.

	(가)	(나)	(다)
①	10	200	200
②	10	300	200
③	15	200	300
④	15	300	300

35 「화재의 예방 및 안전관리에 관한 법률 시행령」상 특수가연물의 저장 및 취급 기준에서 특수가연물 표지에 관한 내용으로 옳지 않은 것은? *(2023년 공채 기출)*

① 특수가연물 표지 중 화기엄금 표시 부분의 바탕은 붉은색으로, 문자는 백색으로 할 것
② 특수가연물 표지는 한 변의 길이가 0.3미터 이상, 다른 한 변의 길이가 0.6미터 이상인 직사각형으로 할 것
③ 특수가연물 표지의 바탕은 검은색으로, 문자는 흰색으로 할 것. 다만, "화기엄금" 표시 부분은 제외한다.
④ 특수가연물을 저장 또는 취급하는 장소에는 품명, 최대저장수량, 단위부피당 질량 또는 단위체적당 질량, 관리책임자 성명·직책, 연락처 및 화기취급의 금지표시가 포함된 특수가연물 표지를 설치해야 한다.

해설

34 살수설비를 설치하거나, 방사능력 범위에 해당 특수가연물이 포함되도록 대형수동식소화기를 설치하는 경우에는 쌓는 높이를 (가. <u>15</u>)미터 이하, 쌓는 부분의 바닥면적을 (나. <u>200</u>)제곱미터 이하, 석탄·목탄류의 경우에는 (다. <u>300</u>)세제곱미터 이하로 하여야 한다.

35 오답피하기
③ 특수가연물 표지의 바탕은 <u>흰색</u>으로, 문자는 <u>검은색</u>으로 할 것. 다만, "화기엄금" 표시 부분은 제외한다.

정답 >> 34. ③ 35. ③

제4절 소방대상물의 소방안전관리

36 「화재의 예방 및 안전관리에 관한 법률」상 특정소방대상물(소방안전관리대상물은 제외한다) 관계인의 업무로 옳지 않은 것은? (2020년 경력채용 기출 변형)

① 피난계획에 관한 사항과 대통령령으로 정하는 사항이 포함된 소방계획서의 작성 및 시행
② 화기(火氣) 취급의 감독
③ 소방시설이나 그 밖의 소방 관련 시설의 관리
④ 피난시설, 방화구획 및 방화시설의 관리

해설

36 특정소방대상물(소방안전관리대상물 제외)의 관계인의 업무

1) 피난시설, 방화구획 및 방화시설의 관리
2) 소방시설 그 밖의 소방관련시설의 관리
3) 화기취급의 감독
4) 화재발생 시 초기대응
5) 그 밖에 소방안전관리에 필요한 업무

오답피하기
① "피난계획에 관한 사항과 대통령령으로 정하는 사항이 포함된 소방계획서의 작성 및 시행"은 소방안전관리대상물의 소방안전관리자의 업무에 해당하는 내용이다.

정답 ≫ 36. ①

03 화재의 예방 및 안전관리에 관한 법률

37 「화재의 예방 및 안전관리에 관한 법률」 및 같은 법 시행규칙상 소방안전관리자의 선임신고 등에 관한 설명이다. ( ) 안에 들어갈 내용으로 옳은 것은? (2023년 공채 기출)

- 소방안전관리대상물의 관계인이 소방안전관리자를 선임한 경우에는 선임한 날부터 (ㄱ)일 이내에 선임사실을 소방본부장 또는 소방서장에게 신고하여야 한다.
- 소방안전관리대상물의 관계인은 소방안전관리자를 선임사유가 발생한 날부터 (ㄴ)일 이내에 선임해야 한다

	ㄱ	ㄴ
①	14	30
②	14	60
③	30	30
④	30	60

38 「화재의 예방 및 안전관리에 관한 법률 시행령」상 특급 소방안전관리대상물의 소방안전관리자로 선임할 수 없는 사람은? (2022년 경력채용 기출 변형)

① 소방기술사 또는 소방시설관리사의 자격이 있는 사람
② 소방공무원으로 10년 이상 근무한 경력이 있는 사람
③ 소방설비기사의 자격을 취득한 후 5년 이상 1급 소방안전관리대상물의 소방안전관리자로 근무한 실무경력이 있는 사람
④ 소방설비산업기사의 자격을 취득한 후 7년 이상 1급 소방안전관리대상물의 소방안전관리자로 근무한 실무경력이 있는 사람

해설

37
- 소방안전관리대상물의 관계인이 소방안전관리자를 선임한 경우에는 선임한 날부터 (ㄱ. 14)일 이내에 선임사실을 소방본부장 또는 소방서장에게 신고하여야 한다.
- 소방안전관리대상물의 관계인은 소방안전관리자를 선임사유가 발생한 날부터 (ㄴ. 30)일 이내에 선임해야 한다.

38 오답피하기
② 소방공무원으로 20년 이상 근무한 경력이 있는 사람이어야 한다.

정답 ≫ 37. ① 38. ②

39 「화재의 예방 및 안전관리에 관한 법률 시행령」상 1급 소방안전관리대상물로 옳은 것은?

(2019년 상반기 기출)

① 지하구
② 동·식물원
③ 가연성가스를 1천톤 이상 저장·취급하는 시설
④ 철강 등 불연성 물품을 저장·취급하는 창고

40 「화재의 예방 및 안전관리에 관한 법률」상 건설현장 소방안전관리대상물의 소방안전관리자의 업무에 관한 내용으로 옳지 않은 것은?

(2023년 공채 기출)

① 건설현장의 소방계획서의 작성
② 화기취급의 감독, 화재위험작업의 허가 및 관리
③ 공사진행 단계별 피난안전구역, 피난로 등의 확보와 관리
④ 건설현장 작업자를 제외한 책임자에 대한 소방안전 교육 및 훈련

해설

39 오답피하기
① 지하구(제외 대상)
② 동·식물원(제외 대상)
④ 철강 등 불연성 물품을 저장·취급하는 창고(제외 대상)

40 ▶ 건설현장 소방안전관리자의 업무
1. 건설현장의 소방계획서의 작성
2. 임시소방시설의 설치 및 관리에 대한 감독
3. 공사진행 단계별 피난안전구역, 피난로 등의 확보와 관리
4. 건설현장의 작업자에 대한 소방안전 교육 및 훈련
5. 초기대응체계의 구성·운영 및 교육
6. 화기취급의 감독, 화재위험작업의 허가 및 관리
7. 그 밖에 건설현장의 소방안전관리와 관련하여 소방청장이 고시하는 업무

오답피하기
④ 건설현장 소방안전관리자의 업무 중 건설현장의 작업자에 대한 소방안전 교육 및 훈련이 있으므로 건설현장 작업자를 제외해서는 안 된다.

정답 ≫ 39. ③ 40. ④

03 화재의 예방 및 안전관리에 관한 법률

41 「화재의 예방 및 안전관리에 관한 법률」 및 같은 법 시행령상 소방안전관리자를 선임해야 하는 건설현장 소방안전관리대상물에 해당하지 않는 것은? (2023년 공채 기출)

① 신축을 하려는 부분의 연면적이 5천제곱미터인 냉동·냉장 창고
② 신축을 하려는 부분의 연면적의 합계가 2만제곱미터인 복합건축물
③ 증축을 하려는 부분의 연면적의 합계가 3만제곱미터인 업무시설
④ 증축을 하려는 부분의 연면적이 5천제곱미터이고, 지상층의 층수가 10층인 업무시설

해설

41 ▶ 건설현장 소방안전관리 대상물

1. 신축·증축·개축·재축·이전·용도변경 또는 대수선을 하려는 부분의 연면적의 합계가 1만5천제곱미터 이상인 것
2. 신축·증축·개축·재축·이전·용도변경 또는 대수선을 하려는 부분의 연면적이 5천제곱미터 이상인 것으로서 다음 각 목의 어느 하나에 해당하는 것
   가. 지하층의 층수가 2개 층 이상인 것
   나. 지상층의 층수가 11층 이상인 것
   다. 냉동창고, 냉장창고 또는 냉동·냉장창고

오답피하기
④ 증축을 하려는 부분의 연면적이 5천제곱미터로 1만 5천제곱미터를 넘지않고, 층수도 10층으로 11층을 넘지 않으므로 건설현장 소방안전관리 대상물에 해당하지 않는다.

정답 ≫ 41. ④

42 「화재의 예방 및 안전관리에 관한 법률」상 소방안전 특별관리시설물로 옳지 않은 것은?

(2021년 경력채용 기출)

① 「위험물안전관리법」제2조 제1항 제3호의 제조소
② 「전통시장 및 상점가 육성을 위한 특별법」제2조 제1호의 전통시장으로서 대통령령으로 정하는 전통시장
③ 「영화 및 비디오물의 진흥에 관한 법률」제2조 제10호의 영화상영관 중 수용인원 1,000명 이상인 영화상영관
④ 「문화재보호법」제2조 제3항의 지정문화재인 시설(시설이 아닌 지정문화재를 보호하거나 소장하고 있는 시설을 포함한다)

해설

42 소방안전특별관리시설물

1. 공항시설
2. 철도시설
3. 도시철도시설
4. 항만시설
5. 지정문화재인 시설(시설이 아닌 지정문화재를 보호하거나 소장하고 있는 시설을 포함한다)
6. 산업기술단지
7. 산업단지
8. 초고층 건축물 및 지하연계 복합건축물
9. 영화상영관 중 수용인원 1천명 이상인 영화상영관
10. 전력용 및 통신용 지하구
11. 석유비축시설
12. 천연가스 인수기지 및 공급망
13. 전통시장으로서 대통령령으로 정하는 전통시장 (점포가 500개 이상인 전통시장)
14. 발전사업자가 가동 중인 발전소
15. 가스공급시설
16. 물류창고로서 연면적 10만 제곱미터 이상인 것

오답피하기

① 소방안전 특별관리시설물에 「위험물안전관리법」제2조 제1항 제3호의 제조소는 해당되지 않는다.

정답 》》 42. ①

03 화재의 예방 및 안전관리에 관한 법률

43 「화재의 예방 및 안전관리에 관한 법률」상 화재예방안전진단의 범위에 해당하는 것만을 〈보기〉에서 있는 대로 고른 것은?   (2023년 공채 기출)

> ㄱ. 소방계획 및 피난계획 수립에 관한 사항
> ㄴ. 소방시설등의 유지·관리에 관한 사항
> ㄷ. 비상대응조직 및 교육훈련에 관한 사항
> ㄹ. 화재 위험성 평가에 관한 사항

① ㄱ
② ㄱ, ㄴ
③ ㄱ, ㄴ, ㄷ
④ ㄱ, ㄴ, ㄷ, ㄹ

44 「화재의 예방 및 안전관리에 관한 법률 시행령」상 소방안전관리보조자를 두어야 하는 특정소방대상물에 대한 설명이다. ( )안에 들어갈 용어로 옳은 것은?   (2020년 공채 기출)

- 「건축법 시행령」 별표 1 제2호가목에 따른 아파트(가) 세대 이상인 아파트만 해당한다)
- 아파트를 제외한 연면적이 (나) 이상인 특정소방대상물

	(가)	(나)
①	150	1만제곱미터
②	150	1만5천제곱미터
③	300	1만제곱미터
④	300	1만5천제곱미터

해설

43 ▶ 화재예방안전진단의 범위
1. 화재위험요인의 조사에 관한 사항
2. ㉠ 소방계획 및 피난계획 수립에 관한 사항
3. ㉡ 소방시설등의 유지·관리에 관한 사항
4. ㉢ 비상대응조직 및 교육훈련에 관한 사항
5. ㉣ 화재 위험성 평가에 관한 사항
6. 그 밖에 화재예방진단을 위하여 대통령령으로 정하는 사항

44
- 「건축법 시행령」 별표 1 제2호 가목에 따른 아파트(가. 300) 세대 이상인 아파트만 해당한다)
- 아파트를 제외한 연면적이 (나. 1만5천제곱미터) 이상인 특정소방대상물

정답 ≫ 43. ④ 44. ④

45 「화재예방, 소방시설 설치·유지 및 안전관리에 관한 법률 시행규칙」상 소방안전관리대상물의 관계인이 수립하여 시행하여야 할 피난계획에 포함되지 않는 것은? (2019년 소방간부 기출)

① 화재경보의 수단 및 방식
② 층별, 구역별 피난대상 인원의 현황
③ 각 거실에서 옥외로 이르는 피난경로
④ 피난 시 소화설비의 작동과 사용계획
⑤ 재해약자 및 재해약자를 동반한 사람의 피난동선과 피난방법

46 「화재의 예방 및 안전관리에 관한 법률 시행규칙」상 소방안전관리대상물의 관계인이 피난시설의 위치, 피난경로 또는 대피요령이 포함된 피난유도 안내정보를 근무자 또는 거주자에게 정기적으로 제공해야 하는 방법으로 옳지 않은 것은? (2021년 공채 기출)

① 연 1회 피난안내 교육을 실시하는 방법
② 분기별 1회 이상 피난안내방송을 실시하는 방법
③ 피난안내도를 층마다 보기 쉬운 위치에 게시하는 방법
④ 엘리베이터, 출입구 등 시청이 용이한 지역에 피난안내 영상을 제공하는 방법

해설

45 피난계획
1. 화재경보의 수단 및 방식
2. 층별, 구역별 피난대상 인원의 현황
3. 장애인, 노인, 임산부, 영유아 및 어린이 등 이동이 어려운 사람(이하 "재해약자"라 한다)의 현황
4. 각 거실에서 옥외로 이르는 피난경로
5. 재해약자 및 재해약자를 동반한 사람의 피난동선과 피난방법
6. 피난시설, 방화구획, 그 밖에 피난에 영향을 줄 수 있는 제반 사항

46 피난유도 안내정보 제공은 다음 각 호의 어느 하나에 해당하는 방법으로 하여야 한다.
1. 연 2회 피난안내 교육을 실시하는 방법
2. 분기별 1회 이상 피난안내방송을 실시하는 방법
3. 피난안내도를 층마다 보기 쉬운 위치에 게시하는 방법
4. 엘리베이터, 출입구 등 시청이 용이한 지역에 피난안내영상을 제공하는 방법

오답피하기
① 연 2회 피난안내 교육을 실시하는 방법

정답 ≫ 45. ④ 46. ①

Chatper 04 소방시설공사업법

제1절 총칙

01 「소방시설공사업법」상 용어의 정의에 대한 내용으로 옳지 않은 것은? (2018년 상반기 기출)

① "감리원"이란 소방공사감리업자에 소속된 소방기술자로서 해당 소방시설공사를 감리하는 사람을 말한다.
② "발주자"란 소방시설공사 등을 소방시설업자에게 도급하는 사람을 말한다. 다만, 수급인으로서 도급받은 공사를 하도급 하는 자는 제외한다.
③ "소방시설공사업"이란 설계도서에 따라 소방시설을 신설, 증설, 개설, 이전 및 정비하는 영업을 말한다.
④ "소방시설설계업"이란 소방시설공사에 관한 발주자의 권한을 대행하여 소방시설공사가 설계도서와 관계 법령에 따라 적법하게 시공되었는지를 확인하는 영업을 말한다.

02 「소방시설공사업법」상 소방시설업의 종류로 옳은 것을 모두 고르면? (2018년 상반기 기출)

㉠ 소방시설감리업	㉡ 방염처리업
㉢ 소방시설공사업	㉣ 소방시설점검업
㉤ 소방시설설계업	㉥ 소방시설관리업

① ㉠, ㉡, ㉣
② ㉠, ㉢, ㉤
③ ㉠, ㉡, ㉢, ㉤
④ ㉠, ㉡, ㉢, ㉣, ㉤

해설

01 오답피하기
④ "소방시설감리업"이란 소방시설공사에 관한 발주자의 권한을 대행하여 소방시설공사가 설계도서와 관계 법령에 따라 적법하게 시공되었는지를 확인하는 영업을 말한다.

02 소방시설업에는 ㉤ 소방시설설계업, ㉢ 소방시설공사업, ㉠ 소방공사감리업, ㉡ 방염처리업이 있다.

정답 ≫ 01. ④ 02. ③

03 「소방시설공사업법」상 '소방시설업'의 영업에 해당하지 않는 것은? (2018년 하반기 기출)

① 소방시설공사에 기본이 되는 공사계획, 설계도면, 설계설명서, 기술계산서 및 이와 관련된 서류를 작성하는 영업
② 설계도서에 따라 소방시설을 신설, 증설, 개설, 이전 및 정비하는 작업
③ 소방안전관리 업무의 대행 또는 소방시설 등의 점검 및 유지·관리하는 영업
④ 방염대상물품에 대하여 방염처리하는 영업

04 「소방시설 설치 및 관리에 관한 법률 시행령」상 소방시설의 연결이 옳은 것만을 〈보기〉에서 있는 대로 고른 것은? (2022년 소방간부 기출)

> ㉠ 소화설비 : 자동소화장치, 옥내소화전설비, 물분무등소화설비
> ㉡ 경보설비 : 통합감시시설, 시각경보기, 단독경보형 감지기
> ㉢ 피난구조설비 : 피난기구, 인명구조기구, 제연설비
> ㉣ 소화활동설비 : 연결송수관설비, 비상콘센트설비, 무선통신보조설비

① ㉠, ㉡
② ㉢, ㉣
③ ㉠, ㉡, ㉣
④ ㉡, ㉢, ㉣
⑤ ㉠, ㉡, ㉢, ㉣

해설

03 소방시설업의 종류 (소방시설공사업법 제2조)

㉠ 소방시설 설계업	㉡ 소방시설 공사업
㉢ 소방공사 감리업	㉣ 방염처리업

오답피하기

① 소방시설공사에 기본이 되는 공사계획, 설계도면, 설계설명서, 기술계산서 및 이와 관련된 서류를 작성하는 영업 (→ 소방시설 설계업)
② 설계도서에 따라 소방시설을 신설, 증설, 개설, 이전 및 정비하는 영업 (→ 소방시설 공사업)
③ 소방안전관리 업무의 대행 또는 소방시설등의 점검 및 유지·관리하는 영업 (×) (→ <u>소방시설 관리업</u>)
④ 방염대상물품에 대하여 방염처리하는 영업 (→ 방염처리업)

04 **오답피하기**

ㄷ. 제연설비는 소화활동설비이다.

정답 ≫ 03. ③ 04. ③

05 「소방시설공사업법」에서 규정한 용어의 정의로 옳지 않은 것은? (2022년 기출)
① "소방시설공사업"이란 설계도서에 따라 소방시설을 신설, 증설, 개설, 이전 및 정비하는 영업을 말한다.
② "소방시설설계업"이란 소방시설공사에 기본이 되는 공사계획, 설계도면, 설계 설명서, 기술계산서 및 이와 관련된 서류를 작성하는 영업을 말한다.
③ "발주자"란 소방시설의 설계, 시공, 감리 및 방염을 소방시설업자에게 도급한 자 및 도급받은 공사를 하도급하는 자를 말한다.
④ "소방공사감리업"이란 소방시설공사에 관한 발주자의 권한을 대행하여 소방시설공사가 설계도서와 관계법령에 따라 적법하게 시공되는지를 확인하고, 품질·시공 관리에 대한 기술지도를 하는 영업을 말한다.

제2절 소방시설업

06 「소방시설공사업법 시행령」상 소방시설공사업의 등록기준으로 옳은 것은? (2018년 상반기 기출)
① 기술인력, 장비, 시설
② 기술인력, 자본금(자산평가액)
③ 자본금, 도급실적
④ 기술인력, 장비, 도급실적

해설

05 오답피하기
③ "발주자"란 소방시설의 설계, 시공, 감리 및 방염을 소방시설업자에게 도급하는자를 말한다. 다만, 수급인으로서 도급받은 공사를 하도급하는 자는 제외한다.

06 특정소방대상물의 소방시설공사등을 하려는 자는 업종별로 자본금(개인인 경우에는 자산평가액을 말한다), 기술인력 등 대통령령으로 정하는 요건을 갖추어 시·도지사에게 소방시설업을 등록하여야 한다.

정답 ≫ 05. ③ 06. ②

07 「소방시설공사업법」상 소방시설업자가 소방시설공사 등을 맡긴 특정소방대상물의 관계인에게 지체 없이 그 사실을 알려야 하는 사항으로 옳지 않은 것은? (2019년 상반기 기출)

① 소방시설업을 휴업한 경우
② 소방시설업자의 지위를 승계한 경우
③ 소방시설업에 대한 행정처분 중 등록취소 처분을 받은 경우
④ 소방시설업에 대한 행정처분 중 영업정지 또는 경고처분을 받은 경우

08 「소방시설공사업법」상 소방시설업의 등록, 운영, 취소에 대한 설명 중 가장 옳은 것은? (2017년 하반기 기출)

① 소방시설업의 영업정지처분을 받은 경우 즉시 감리업자에 알려야 한다.
② 소방시설업의 영업정지 기간 중에 소방시설 공사 등을 한 경우 영업정지기간을 연장한다.
③ 소방시설업의 등록의 취소권자는 소방본부장 또는 소방서장이 한다.
④ 영업정지 처분기간 중 영업정지에 해당하는 위반사항이 있는 경우에는 종전의 처분기간 만료일의 다음날부터 새로운 위반사항에 대한 영업정지의 행정처분을 한다.

해설

07 소방시설업자가 관계인에게 지체 없이 그 사실을 알려야 하는 사항
1) 휴업하거나 폐업한 경우
2) 소방시설업자의 지위를 승계한 경우
3) 소방시설업의 등록취소처분 또는 영업정지처분을 받은 경우

오답피하기
④ 경고처분을 받은 경우는 관계인에게 지체 없이 알려야 하는 사항에 해당하지 않는다.

08 오답피하기
① 소방시설업의 등록취소처분 또는 영업정지처분을 받은 경우 소방시설업자는 소방시설공사 등을 맡긴 특정소방대상물의 관계인에게 지체없이 그 사실을 알려야 한다. (법 제8조 3항)
② 영업정지 기간 중에 소방시설공사 등을 한 경우 그 등록을 취소하여야 한다. (법 제9조)
③ 소방시설업의 등록의 취소권자는 시·도지사이다. (법 제9조)

정답 >>> 07. ④ 08. ④

09 「소방시설공사업법」상 소방시설업 등록의 결격사유에 해당하지 않는 사람은? (2022년 기출)

① 피성년후견인
② 등록하려는 소방시설업 등록이 취소된 날부터 3년이 지난 사람
③ 「소방기본법」에 따른 금고 이상의 형의 집행유예를 선고받고 그 유예기간 중에 있는 사람
④ 「위험물안전관리법」에 따른 금고 이상의 실형을 선고받고, 그 집행이 끝나거나(집행이 끝난 것으로 보는 경우를 포함한다) 면제된 날부터 1년이 지난 사람

10 「소방시설공사업법」상 소방시설업의 등록, 휴·폐업과 소방시설업자의 지위승계에 대한 내용으로 옳지 않은 것은? (2022년 기출)

① 특정소방대상물의 소방시설공사등을 하려는 자는 업종별로 자본금, 기술인력 등 행정안전부령으로 정하는 요건을 갖추어 시·도지사에게 소방시설업을 등록하여야 한다.
② 소방시설업자가 사망하여 그 상속인이 종전의 소방시설업자의 지위를 승계하려는 경우에는 그 상속일, 양수일 또는 합병일부터 30일 이내에 행정안전부령으로 정하는 바에 따라 그 사실을 시·도지사에게 신고하여야 한다.
③ 소방시설업자는 소방시설업을 폐업하는 때에는 행정안전부령으로 정하는 바에 따라 시·도지사에게 신고하여야 하고 폐업신고를 받은 시·도지사는 소방시설업 등록을 말소하고 그 사실을 행정안전부령으로 정하는 바에 따라 공고하여야 한다.
④ 「민사집행법」에 따른 경매에 따라 소방시설업자의 소방시설의 전부를 인수한 자가 종전의 소방시설업자의 지위를 승계하려는 경우에는 그 인수일부터 30일 이내에 행정안전부령으로 정하는 바에 따라 그 사실을 시·도지사에게 신고하여야 한다.

해설

09 오답피하기
② 등록하려는 소방시설업 등록이 취소된 날부터 2년이 지나지 아니한 자가 결격사유에 해당하므로 3년이 지난 사람은 결격사유에 해당하지 않는다.

10 오답피하기
① 특정소방대상물의 소방시설공사등을 하려는 자는 업종별로 자본금, 기술인력 등 <u>대통령령</u>으로 정하는 요건을 갖추어 시·도지사에게 소방시설업을 등록하여야 한다.

정답 ≫ 09. ② 10. ①

11 「소방시설공사업법」상 ( )안에 들어갈 내용으로 옳은 것은? (2019년 상반기 기출 변형)

> 시·도지사는 소방시설공사업자가 소방시설 공사현장에 감리원 배치기준을 위반한 경우로서 영업정지가 그 이용자에게 불편을 주거나 그 밖에 공익을 해칠 우려가 있을 때에는 영업정지처분을 갈음하여 ( ) 이하의 과징금을 부과할 수 있다.

① 3,000만원   ② 5,000만원
③ 1억원   ④ 2억원

제3절 소방시설공사

12 「소방시설공사업법」 및 같은 법 시행령상 소방공사업자는 소방기술자를 소방공사 현장에 배치하는 것이 원칙이지만, 발주자가 서면으로 승낙하는 경우에는 해당 공사가 중단된 기간 동안 소방기술자를 공사 현장에 배치하지 않을 수 있도록 되어 있는 예외사항이 있다. 다음 중 예외사항으로 옳지 않은 것은? (2021년 공채 기출)

① 발주자가 공사 중단을 요청하는 경우
② 소방공사감리원이 공사 중단을 요청하는 경우
③ 민원 또는 계절적 요인 등으로 해당 공정의 공사가 일정 기간 중단된 경우
④ 예산 부족 등 발주자의 책임 있는 사유 또는 천재지변 등 불가항력으로 공사가 일정 기간 중단된 경우

해설

11 시·도지사는 소방시설공사업자가 소방시설 공사현장에 감리원 배치기준을 위반한 경우로서 영업정지가 그 이용자에게 불편을 주거나 그 밖에 공익을 해칠 우려가 있을 때에는 영업정지처분을 갈음하여 (2억원) 이하의 과징금을 부과할 수 있다.

12 소방기술자의 배치기간

> 가. 소방공사업자는 소방기술자를 소방시설공사의 착공일부터 소방시설 완공검사증명서 발급일까지 배치한다.
> 나. 소방공사업자는 시공관리, 품질 및 안전에 지장이 없는 경우로서 다음의 어느 하나에 해당하여 발주자가 서면으로 승낙하는 경우에는 해당 공사가 중단된 기간 동안 소방기술자를 공사 현장에 배치하지 않을 수 있다.
>> 1) 민원 또는 계절적 요인 등으로 해당 공정의 공사가 일정 기간 중단된 경우
>> 2) 예산의 부족 등 발주자의 책임 있는 사유 또는 천재지변 등 불가항력으로 공사가 일정기간 중단된 경우
>> 3) 발주자가 공사의 중단을 요청하는 경우

정답 ≫ 11. ④ 12. ②

04 소방공사업법

13 「소방시설공사업법 시행령」상 소방기술자의 배치기준을 설명한 것으로 옳지 않은 것은?

(2023년 공채 기출)

① 연면적 20만제곱미터 이상인 특정소방대상물의 공사 현장에는 행정안전부령으로 정하는 특급기술자인 소방기술자(기계분야 및 전기분야)를 배치하여야 한다.
② 지하층을 포함한 층수가 16층 이상 40층 미만인 특정소방대상물의 공사 현장에는 행정안전부령으로 정하는 고급기술자 이상의 소방기술자(기계분야 및 전기분야)를 배치하여야 한다.
③ 연면적 5천제곱미터 이상 3만제곱미터 미만인 특정소방대상물(아파트는 제외)의 공사 현장에는 행정안전부령으로 정하는 중급기술자 이상의 소방기술자(기계분야 및 전기분야)를 배치하여야 한다.
④ 물분무등소화설비(호스릴 방식의 소화설비는 제외) 또는 제연설비가 설치되는 특정소방대상물의 공사 현장에는 행정안전부령으로 정하는 초급기술자 이상의 소방기술자(기계분야 및 전기분야)를 배치하여야 한다.

14 「소방시설공사업법 시행령」상 반드시 착공신고를 해야 하는 경우로 옳은 것은?

(2017년 하반기 기출)

① 단독경보형감지기를 설치하는 경우
② 소화용수설비를 「건설산업기본법 시행령」에 따른 기계설비공사업자가 공사하는 경우
③ 신축하는 특정대상물에 옥내소화전설비를 신설하는 경우
④ 동력(감시)제어반을 고장 또는 파손 등으로 인하여 작동시킬 수 없어 긴급히 교체하거나 보수하여야 하는 경우

해설

13 오답피하기
④ 물분무등소화설비(호스릴 방식의 소화설비는 제외) 또는 제연설비가 설치되는 특정소방대상물의 공사 현장에는 행정안전부령으로 정하는 <u>중급기술자 이상의 소방기술자</u>(기계분야 및 전기분야)를 배치하여야 한다.

14 오답피하기
① 단독경보형감지기는 착공신고 대상에 해당하지 않는다.
② 기계설비공사업자 또는 상·하수도설비공사업자가 공사하는 소화용수설비 공사는 착공신고 대상에서 제외한다.
④ 수신반, 소화펌프, 동력(감시)제어반 고장 또는 파손 등으로 인하여 작동시킬 수 없는 소방시설을 긴급히 교체하거나 보수하여야 하는 경우에는 신고하지 않을 수 있다.

정답 ≫ 13. ④ 14. ③

15 「소방시설공사업법 시행령」상 소방시설공사의 착공신고 대상으로 옳지 않은 것은?

(2018년 하반기 기출)

① 비상경보설비를 신설하는 특정소방대상물 신축공사
② 자동화재속보설비를 신설하는 특정소방대상물 신축공사
③ 연결송수관설비의 송수구역을 증설하는 특정소방대상물 증축공사
④ 자동화재탐지설비의 경계구역을 증설하는 특정소방대상물 증축공사

16 「소방시설공사업법 시행령」상 소방시설공사의 착공신고 대상으로 옳지 않은 것은?

(2022년 기출)

① 창고시설에 스프링클러설비의 방호구역을 증설하는 공사
② 공동주택에 자동화재탐지설비의 경계구역을 증설하는 공사
③ 위험물 제조소에 할로겐화합물 및 불활성기체 소화설비를 신설하는 공사
④ 업무시설에 옥내소화전설비(호스릴옥내소화전설비를 포함한다)를 신설하는 공사

해설

15 오답피하기
- 신축공사 시 착공신고를 해야 하는 경보설비로는 자동화재탐지설비, 비상경보설비, 비상방송설비가 있고, 자동화재속보설비는 해당되지 않는다.
- 증축공사 시 착공신고를 해야 하는 설비로는 옥내·옥외소화전설비, 스·가스, 물분무, 자동화재탐지설비, 연·연(결살수설비)·연·제·비가 있다. (소방시설공사업법 시행령 제4조)

16 오답피하기
③ 소방시설공사의 착공신고 대상에는 신설, 개설 및 증설에 상관없이 「위험물 안전관리법」에 따른 제조소등은 제외한다.

정답 ≫ 15. ② 16. ③

04 소방공사업법

17 「소방시설공사업법 시행령」상 소방시설공사가 공사감리결과보고서대로 완공되었는지를 현장에서 확인할 수 있는 대상으로 옳은 것은? (2019년 상반기 기출)

① 창고시설 또는 수련시설
② 호스릴소화설비를 설치하는 소방시설공사
③ 연면적 1만제곱미터 이상의 아파트에 설치하는 소방시설공사
④ 가연성가스를 제조·저장 또는 취급하는 시설 중 지하에 매립된 가연성 가스탱크의 저장용량 합계가 1천톤 이상인 시설

18 「소방시설공사업법 시행령」상 소방본부장 또는 소방서장의 소방시설공사 완공검사를 위한 현장확인 대상 특정소방대상물로 옳지 않은 것은? (2020년 공채 기출)

① 창고시설
② 스프링클러설비등이 설치되는 특정소방대상물
③ 연면적 1만제곱미터 이상이거나 11층 이상인 아파트
④ 가연성가스를 제조·저장 또는 취급하는 시설 중 지상에 노출된 가연성가스탱크의 저장용량 합계가 1천톤 이상인 시설

해설

17 오답피하기
① 문·집, 종, 운, 노, 수련시설, 숙, 창고시설, 판매, 지하상가, 다중이용업소 (○)
② 호스릴소화설비는 제외한다. (×)
③ 연면적 1만제곱미터 이상인 특정소방대상물 중 아파트는 제외한다. (×)
④ 가연성 가스를 제조·저장 또는 취급하는 시설 중 지상에 노출된 가연성 가스탱크의 저장용량 합계가 1천 톤 이상인 시설 (×)

18 완공검사 현장확인 대상 특정소방대상물

1. 문화 및 집회시설, 종교시설, 운동시설, 노유자시설, 수련시설, 숙박시설, 창고시설, 판매시설, 지하상가 및 다중이용업소
2. 스프링클러설비등, 물분무등소화설비(호스릴 방식의 소화설비는 제외)가 설치된 특정소방대상물
3. 연면적 1만제곱미터 이상이거나 11층 이상인 특정소방대상물(아파트는 제외)
4. 가연성가스를 제조·저장 또는 취급하는 시설 중 지상에 노출된 가연성가스탱크의 저장용량 합계가 1천톤 이상인 시설

오답피하기
③ 아파트는 완공검사를 위한 현장확인 대상의 특정소방대상물에 포함되지 않는다.

정답 >> 17. ① 18. ③

19 「소방시설공사업법」상 완공검사에 대한 설명으로 옳지 않은 것은? (2017년 하반기 기출)

① 공사업자는 시설공사를 완공하면 소방본부장 또는 소방서장의 완공검사를 받아야 한다.
② 대통령령으로 정하는 특정소방대상물의 경우에는 소방본부장이나 소방서장이 소방시설공사가 공사감리 결과보고서대로 완공되었는지를 현장에서 확인할 수 있다.
③ 공사업자가 소방대상물 일부분의 소방시설공사를 마친 경우 그 일부분에 대하여서는 소방본부장이나 소방서장에게 완공검사를 신청할 수 없다.
④ 소방본부장 이나 소방서장은 완공검사를 하였을 때에는 완공검사증명서를 발급하여야 한다.

20 「소방시설공사업법 시행령」상 소방시설공사 결과 하자보수 대상과 하자보수 보증기간의 연결이 옳은 것은? (2019년 상반기 기출)

	하자보수대상 소방시설	하자보수 보증기간
①	비상경보설비, 자동소화장치	2년
②	무선통신보조설비, 비상조명등	2년
③	피난기구, 소화활동설비	3년
④	비상방송설비, 간이스프링클러설비	3년

해설

19 오답피하기
③ 공사업자가 소방대상물 일부분의 소방시설공사를 마친 경우로서 전체 시설이 준공되기 전에 부분적으로 사용할 필요가 있는 경우에는 그 일부분에 대하여 소방본부장이나 소방서장에게 완공검사를 신청할 수 있다. (소방시설공사업법 제14조 제2항)

20 오답피하기
① 비상경보설비(2년), 자동소화장치(3년)
③ 피난기구(2년), 소화활동설비(3년, 무선통신보조설비는 2년)
④ 비상방송설비(2년), 간이스프링클러설비(3년)

정답 ≫ 19. ③ 20. ②

04 소방공사업법

21 「소방시설공사업법 시행령」상 하자보수 대상 소방시설 중 하자보수 보증기간이 다른 것은?

(2020년 공채 기출)

① 비상조명등 ② 비상방송설비
③ 비상콘센트설비 ④ 무선통신보조설비

22 「소방시설공사업법 시행령」상 하자보수 대상 소방시설과 하자보수 보증기간으로 옳지 않은 것은?

(2023년 경력채용 기출)

① 피난기구, 유도등, 유도표지 : 2년
② 비상경보설비, 비상조명등, 비상방송설비 및 무선통신보조설비 : 2년
③ 옥내소화전설비, 스프링클러설비, 간이스프링클러설비, 자동화재탐지설비 : 3년
④ 상수도소화용수설비 및 소화활동설비(무선통신보조설비는 제외한다) : 4년

해설

21 오답피하기
① 비상조명등(2년)
② 비상방송설비(2년)
③ <u>비상콘센트설비(3년)</u>
④ 무선통신보조설비(2년)

22 오답피하기
④ 상수도소화용수설비 및 소화활동설비(무선통신보조설비는 제외한다) : <u>3년</u>

정답 ≫ 21. ③ 22. ④

23 「소방시설공사업법」에 규정한 내용으로 옳지 않은 것은? (2021년 공채 기출)

① 특정소방대상물의 관계인 또는 발주자는 소방시설공사 등을 도급할 때에는 해당 소방시설업자에게 도급하여야 한다.
② 소방본부장이나 소방서장은 완공검사나 부분완공검사를 하였을 때에는 완공검사증명서나 부분완공검사증명서를 발급하여야 한다.
③ 관계인은 하자보수기간에 소방시설의 하자가 발생하였을 때에는 공사업자에게 그 사실을 알려야 하며, 통보를 받은 공사업자는 7일 이내에 하자를 보수하거나 보수 일정을 기록한 하자보수계획을 관계인에게 서면으로 알려야 한다.
④ 소방시설업의 등록을 한 후 정당한 사유 없이 1년이 지날 때까지 영업을 시작하지 아니하거나 계속하여 1년 이상 휴업함으로써 그 이용자에게 불편을 줄 때에는 영업정지처분을 갈음하여 3천만원 이하의 과징금을 부과할 수 있다.

해설

23 오답피하기

③ 관계인은 하자보수기간에 소방시설의 하자가 발생하였을 때에는 공사업자에게 그 사실을 알려야 하며, 통보를 받은 공사업자는 <u>3일</u> 이내에 하자를 보수하거나 보수 일정을 기록한 하자보수계획을 관계인에게 서면으로 알려야 한다.

정답 ≫ 23. ③

04 소방공사업법

24 「소방시설공사업법」상 소방시설공사업법상 감리업자의 업무내용으로 옳지 않은 것은?

(2017년 하반기 기출)

① 소방시설 등의 설치계획표의 적법성 검토
② 피난시설 및 방화시설의 유지관리
③ 완공된 소방시설 등의 성능시험
④ 소방시설등 설계 변경 사항의 적합성 검토

25 「소방시설공사업법」상 소방공사감리업자의 업무범위로 옳지 않은 것은?

(2021년 공채 기출)

① 완공된 소방시설등의 성능시험
② 소방시설등의 설치계획표의 적법성 검토
③ 소방시설등 설계 변경 사항의 적합성 검토
④ 설계업자가 작성한 시공 상세 도면의 적합성 검토

해설

24 소방공사감리업자의 업무

1. <u>소방시설등의 설치계획표의 적법성 검토</u>
2. 소방시설등 설계도서의 적합성(적법성과 기술상의 합리성을 말한다.) 검토
3. <u>소방시설등 설계 변경 사항의 적합성 검토</u>
4. 소방용품의 위치·규격 및 사용 자재의 적합성 검토
5. 공사업자가 한 소방시설등의 시공이 설계도서와 화재안전기준에 맞는지에 대한 지도·감독
6. <u>완공된 소방시설등의 성능시험</u>
7. 공사업자가 작성한 시공 상세 도면의 적합성 검토
8. 피난시설 및 방화시설의 적법성 검토
9. 실내장식물의 불연화와 방염 물품의 적법성 검토

오답피하기
② 피난시설 및 방화시설의 유지관리는 소방안전관리자의 업무내용이다.

25 **오답피하기**
④ <u>공사업자가</u> 작성한 시공 상세 도면의 적합성 검토

정답 》 24. ② 25. ④

26
「소방시설공사업법」상 감리업자가 감리를 할 때 위반사항에 대하여 조치하여야 할 사항이다. ( ) 안에 들어갈 용어로 옳은 것은? (2020년 공채 기출)

> 감리업자는 감리를 할 때 소방시설공사가 설계도서나 화재안전기준에 맞지 아니할 때에는 (가)에게 알리고, (나)에게 그 공사의 시정 또는 보완 등을 요구하여야 한다.

	(가)	(나)
①	관계인	공사업자
②	관계인	소방서장
③	소방본부장	공사업자
④	소방본부장	소방서장

27
「소방시설공사업법 시행령」상 상주공사감리 대상으로 옳은 것은? (2017년 하반기 기출)

① 연면적 3만제곱미터 이상의 특정소방대상물 (아파트는 제외)
② 연면적 3만제곱미터 이상의 특정소방대상물 (아파트는 포함)
③ 지하층을 포함한 층수가 11층 이상으로서 500세대 이상인 특정소방대상물 (아파트는 제외)
④ 지하층을 포함한 층수가 11층 이상으로서 500세대 이상인 특정소방대상물 (아파트는 포함)

해설

26 감리업자는 감리를 할 때 소방시설공사가 설계도서나 화재안전기준에 맞지 아니할 때에는 (가. 관계인)에게 알리고, (나. 공사업자)에게 그 공사의 시정 또는 보완 등을 요구하여야 한다.

27 상주공사감리 대상물
1. 연면적 3만제곱미터 이상의 특정소방대상물(아파트는 제외)에 대한 소방시설의 공사
2. 지하층을 포함한 층수가 16층 이상으로서 500세대 이상인 아파트에 대한 소방시설의 공사

정답 » 26. ① 27. ①

28 「소방시설공사업법 시행령」상 상주 공사감리 대상을 설명한 것이다. (   ) 안에 들어갈 내용으로 옳은 것은? (2023년 공채 기출)

- 연면적 (ㄱ) 이상의 특정소방대상물(아파트는 제외한다)에 대한 소방시설의 공사
- 지하층을 포함한 층수가 (ㄴ) 이상인 아파트에 대한 소방시설의 공사

	ㄱ	ㄴ
①	3만제곱미터	16층 이상으로서 300세대
②	3만제곱미터	16층 이상으로서 500세대
③	5만제곱미터	16층 이상으로서 300세대
④	5만제곱미터	16층 이상으로서 500세대

29 「소방시설공사업법 시행령」상 책임감리원으로 고급감리원을 배치할 수 있는 공사현장으로 옳은 것은? (2018년 상반기 기출)

① 지하층을 포함한 층수가 40층 이상인 특정소방대상물의 공사현장
② 연면적 20만㎡ 이상인 특정소방대상물의 공사현장
③ 제연설비가 설치되는 특정소방대상물
④ 지하층을 포함한 층수가 16층 이상 40층 미만인 특정소방대상물의 공사현장

해설

28
- 연면적 (ㄱ. <u>3만제곱미터</u>) 이상의 특정소방대상물(아파트는 제외한다)에 대한 소방시설의 공사
- 지하층을 포함한 층수가 (ㄴ. <u>16층 이상으로서 500세대</u>) 이상인 아파트에 대한 소방시설의 공사

29 고급감리원 이상의 소방감리원 배치
  ㉠ 물분무등소화설비(호스릴 방식의 소화설비는 제외) 또는 <u>제연설비가 설치되는 특정소방대상물의 공사현장</u>
  ㉡ 연면적 3만제곱미터 이상 20만제곱미터 미만인 아파트의 공사 현장

오답피하기
① 지하층을 포함한 층수가 40층 이상인 특정소방대상물의 공사현장 → 특급감리원 중 소방기술사
② 연면적 20만㎡ 이상인 특정소방대상물의 공사현장 → 특급감리원 중 소방기술사
④ 지하층을 포함한 층수가 16층 이상 40층 미만인 특정소방대상물의 공사현장 → 특급감리원 이상의 소방공사 감리원

정답 ≫ 28. ② 29. ③

30 「소방시설공사업법」 및 같은 법 시행령, 시행규칙상 공사 감리에 관한 내용으로 옳은 것은?

(2021년 공채 기출)

① 감리업자가 감리원을 배치하였을 때에는 소방본부장 또는 소방서장의 동의를 받아야 한다.
② 소방본부장 또는 소방서장은 특정소방대상물에 대해서 감리업자를 공사감리자로 지정하여야 한다.
③ 지하층을 포함한 층수가 16층 이상으로서 300세대 이상인 아파트에 대한 소방시설 공사는 상주공사감리 대상이다.
④ 상주공사감리 대상인 경우 소방시설용 배관을 설치하거나 매립하는 때부터 완공검사증명서를 발급받을 때까지 소방공사감리현장에 감리원을 배치하여야 한다.

31 「소방시설공사업법 시행령」 별표 4 소방공사 감리원의 배치기준 및 배치기간에 따라 복합건축물(지하 5층, 지상 35층 규모)인 특정소방대상물 소방시설 공사현장의 소방공사 책임감리원으로 옳은 것은?

(2022년 기출)

① 특급감리원 중 소방기술사
② 특급감리원 이상의 소방공사 감리원(기계분야 및 전기분야)
③ 고급감리원 이상의 소방공사 감리원(기계분야 및 전기분야)
④ 중급감리원 이상의 소방공사 감리원(기계분야 및 전기분야)

해설

30 오답피하기
① 감리업자가 감리원을 배치하였을 때에는 소방본부장 또는 소방서장에게 통보하여야 한다.
② 특정소방대상물의 관계인은 특정소방대상물에 대해서 감리업자를 공사감리자로 지정하여야 한다.
③ 지하층을 포함한 층수가 16층 이상으로서 500세대 이상인 아파트에 대한 소방시설 공사는 상주공사감리 대상이다.

31 오답피하기
① 지하층을 포함한 층수가 40층 이상(지하 5층, 지상 35층 규모)인 특정소방대상물의 공사현장에는 특급감리원 중 소방기술사를 책임감리원으로 배치하여야 한다.

정답 ≫ 30. ④ 31. ①

04 소방공사업법

32 「소방시설공사업법 시행규칙」상 감리업자가 소방공사의 감리를 마쳤을 때 소방공사감리 결과보고(통보)서에 첨부하는 서류가 아닌 것은? (2023년 공채 기출)

① 착공신고 후 변경된 건축설계도면 1부
② 소방청장이 정하여 고시하는 소방시설 성능시험조사표 1부
③ 소방공사 감리일지(소방본부장 또는 소방서장에게 보고하는 경우에만 첨부) 1부
④ 특정소방대상물의 사용승인 신청서 등 사용승인 신청을 증빙할 수 있는 서류 1부

33 「소방시설공사업법」상 공사의 도급에 관한 사항으로 옳지 않은 것은? (2020년 공채 기출)

① 특정소방대상물의 관계인 또는 발주자는 소방시설공사 등을 도급할 때에는 해당 소방시설업자에게 도급하여야 한다.
② 공사업자가 도급받은 소방시설공사의 도급금액 중 그 공사(하도급한 공사를 포함한다)의 근로자에게 지급하여야 할 노임(勞賃)에 해당하는 금액은 압류할 수 없다.
③ 도급을 받은 자는 소방시설공사의 전부를 한 번만 제3자에게 하도급할 수 있다.
④ 도급을 받은 자가 해당 소방시설공사등을 하도급할 때에는 행정안전부령으로 정하는 바에 따라 미리 관계인과 발주자에게 알려야 한다.

해설

32 ▶ 소방공사감리 결과보고(통보)서에 첨부하는 서류

1. 소방청장이 정하여 고시하는 소방시설 성능시험조사표 1부
2. 착공신고 후 변경된 소방시설설계도면(변경사항이 있는 경우에만 첨부하되, 설계업자가 설계한 도면만 해당된다) 1부
3. 소방공사 감리일지(소방본부장 또는 소방서장에게 보고하는 경우에만 첨부한다) 1부
4. 특정소방대상물의 사용승인 신청서 등 사용승인 신청을 증빙할 수 있는 서류 1부

오답피하기
① 착공신고 후 변경된 <u>소방시설설계도면</u> 1부

33 **오답피하기**
③ 도급을 받은 자는 소방시설의 설계, 시공, 감리를 제3자에게 하도급할 수 <u>없다</u>.(소방시설공사업법 제22조 제1항)

정답 ≫ 32. ① 33. ③

34 「소방시설공사업법 시행령」상 소방시설공사 분리 도급의 예외에 해당하는 것만을 〈보기〉에서 고른 것은?

(2023년 공채 기출)

> ㄱ. 「재난 및 안전관리 기본법」에 따른 재난의 발생으로 긴급하게 착공해야 하는 공사인 경우
> ㄴ. 국방 및 국가안보 등과 관련하여 기밀을 유지해야 하는 공사인 경우
> ㄷ. 연면적이 3천제곱미터 이하인 특정소방대상물에 비상경보설비를 설치하는 공사인 경우
> ㄹ. 「국가를 당사자로 하는 계약에 관한 법률 시행령」 및 「지방자치단체를 당사자로 하는 계약에 관한 법률 시행령」에 따른 원안입찰 또는 일부입찰
> ㅁ. 「국가를 당사자로 하는 계약에 관한 법률 시행령」 및 「지방자치단체를 당사자로 하는 계약에 관한 법률 시행령」에 따른 실시설계 기술제안입찰 또는 기본설계기술제안입찰
> ㅂ. 문화재수리 및 재개발·재건축 등의 공사로서 공사의 성질상 분리하여 도급하는 것이 곤란하다고 시·도지사가 인정하는 경우

① ㄱ, ㄴ, ㄷ
② ㄱ, ㄴ, ㅁ
③ ㄴ, ㄷ, ㅁ
④ ㄹ, ㅁ, ㅂ

해설

34 ▶ 분리도급의 예외

1. 「재난 및 안전관리 기본법」에 따른 재난의 발생으로 긴급하게 착공해야 하는 공사인 경우
2. 국방 및 국가안보 등과 관련하여 기밀을 유지해야 하는 공사인 경우
3. 소방시설공사에 해당하지 않는 공사인 경우
4. 연면적이 1천제곱미터 이하인 특정소방대상물에 비상경보설비를 설치하는 공사인 경우
5. 다음 각 목의 어느 하나에 해당하는 입찰로 시행되는 공사인 경우
   가. 「국가를 당사자로 하는 계약에 관한 법률 시행령」 및 「지방자치단체를 당사자로 하는 계약에 관한 법률 시행령」에 따른 대안입찰 또는 일괄입찰
   나. 「국가를 당사자로 하는 계약에 관한 법률 시행령」 및 「지방자치단체를 당사자로 하는 계약에 관한 법률 시행령」에 따른 실시설계 기술제안입찰 또는 기본설계 기술제안입찰
6. 그 밖에 문화재수리 및 재개발·재건축 등의 공사로서 공사의 성질상 분리하여 도급하는 것이 곤란하다고 소방청장이 인정하는 경우

오답피하기

ㄷ. 연면적이 <u>1천제곱미터 이하</u>인 특정소방대상물에 비상경보설비를 설치하는 공사인 경우
ㄹ. 「국가를 당사자로 하는 계약에 관한 법률 시행령」 및 「지방자치단체를 당사자로 하는 계약에 관한 법률 시행령」에 따른 <u>대안입찰 또는 일괄입찰</u>
ㅂ. 문화재수리 및 재개발·재건축 등의 공사로서 공사의 성질상 분리하여 도급하는 것이 곤란하다고 <u>소방청장</u>이 인정하는 경우

정답 ≫ 34. ②

04 소방공사업법

제4절 소방기술자

35 「소방시설공사업법 시행규칙」상 소방기술과 관련된 자격·학력 및 경력의 인정범위에 관한 내용으로 옳은 것은? (2021년 공채 기출)

① 소방공무원으로서 3년간 근무한 경력이 있는 사람은 중급감리원의 업무를 수행할 수 있다.
② 학사학위를 취득한 후 소방 관련 업무를 10년간 수행한 사람은 특급기술자 업무를 수행할 수 있다.
③ 소방시설관리사 자격을 취득한 후 소방 관련 업무를 3년간 수행한 사람은 특급기술자 업무를 수행할 수 있다.
④ 소방설비기사 기계분야 자격을 취득한 후 소방 관련 업무를 8년간 수행한 사람은 해당분야 특급감리원의 업무를 수행할 수 있다.

해설

35 오답피하기
① 소방공무원으로서 3년간(3년 이상) 근무한 경력이 있는 사람은 <u>초급감리원</u>의 업무를 수행할 수 있다.
② 학사학위를 취득한 후 소방 관련 업무를 10년간 수행한 사람은 특급기술자 업무를 수행할 수 없다. (<u>12년 이상</u>이어야 한다.)
③ 소방시설관리사 자격을 취득한 후 소방 관련 업무를 3년간 수행한 사람은 특급기술자 업무를 수행할 수 있다. (<u>5년 이상</u>이어야 한다.)

정답 ≫ 35. ④

36 「소방시설공사업법」상 소방기술 경력 등의 인정 등에 관한 내용으로 옳은 것은?

(2023년 공채 기출)

① 소방본부장, 소방서장은 소방기술의 효율적인 활용과 소방기술의 향상을 위하여 소방기술과 관련된 자격·학력 및 경력을 가진 사람을 소방기술자로 인정할 수 있다.
② 소방본부장, 소방서장은 소방기술과 관련된 자격·학력 및 경력을 인정받은 사람에게 소방기술 인정 자격수첩과 경력수첩을 발급할 수 있다.
③ 소방기술과 관련된 자격·학력 및 경력의 인정 범위와 자격수첩 및 경력수첩의 발급 절차 등에 관하여 필요한 사항은 대통령령으로 정한다.
④ 소방청장은 자격수첩 또는 경력수첩을 발급받은 사람이 거짓이나 그 밖의 부정한 방법으로 자격수첩 또는 경력수첩을 발급받은 경우에 그 자격을 취소하여야 한다.

37 「소방시설공사업법 시행규칙」상 소방기술자 양성·인정 교육훈련기관의 지정 요건으로 옳지 않은 것은?

(2023년 경력채용 기출)

① 교육과목별 교재 및 강사 매뉴얼을 갖출 것
② 소방기술자 양성·인정 교육훈련을 실시할 수 있는 전담인력을 6명 이상 갖출 것
③ 전국 2개 이상의 시·도에 이론교육과 실습교육이 가능한 교육·훈련장을 갖출 것
④ 교육훈련의 신청·수료, 성과측정, 경력관리 등에 필요한 교육훈련 관리시스템을 구축·운영할 것

해설

36 오답피하기
① 소방청장은 소방기술의 효율적인 활용과 소방기술의 향상을 위하여 소방기술과 관련된 자격·학력 및 경력을 가진 사람을 소방기술자로 인정할 수 있다.
② 소방청장은 소방기술과 관련된 자격·학력 및 경력을 인정받은 사람에게 소방기술 인정 자격수첩과 경력수첩을 발급할 수 있다.
③ 소방기술과 관련된 자격·학력 및 경력의 인정 범위와 자격수첩 및 경력수첩의 발급 절차 등에 관하여 필요한 사항은 행정안전부령으로 정한다.

37 ▶ 소방기술자 양성·인정 교육훈련기관의 지정 요건
1. ③ 전국 4개 이상의 시·도에 이론교육과 실습교육이 가능한 교육·훈련장을 갖출 것
2. 소방기술자 양성·인정 교육훈련을 실시할 수 있는 전담인력을 6명 이상 갖출 것
3. 교육과목별 교재 및 강사 매뉴얼을 갖출 것
4. 교육훈련의 신청·수료, 성과측정, 경력관리 등에 필요한 교육훈련 관리시스템을 구축·운영할 것

정답 ≫ 36. ④ 37. ③

제5절 소방시설업자협회 및 보칙

38 「소방시설공사업법」상 행정처분 전에 청문을 하여야 하는 대상으로 옳지 않은 것은?

(2019년 상반기 기출)

① 소방시설업의 등록취소 처분
② 소방기술 인정 자격취소 처분
③ 소방시설업의 영업정지 처분
④ 소방기술 인정 자격정지 처분

39 「소방시설공사업법 시행령」상 업무의 위탁에 대한 설명으로 옳지 않은 것은?

(2018년 하반기 기출)

① 시·도지사는 소방시설업의 등록신청의 접수 및 신청내용의 확인에 관한 업무를 소방시설업자협회에 위탁한다.
② 소방청장은 소방기술과 관련된 자격·학력·경력의 인정 업무를 소방시설업자협회, 소방기술과 관련된 법인 또는 단체에 위탁한다.
③ 소방청장은 소방시설공사업을 등록한 자의 시공능력평가 및 공시에 관한 업무를 소방시설업자협회에 위탁한다.
④ 소방청장은 소방기술자 실무교육에 관한 업무를 소방청장이 지정하는 실무교육기관 또는 대한소방공제회에 위탁한다.

해설

38 「소방시설공사업법」상 청문 대상
① 소방시설업 등록취소 처분 이나 ③ 영업정지처분 또는 ② 소방기술 인정 자격취소처분을 하려면 청문을 하여야 한다.

39 오답피하기
④ 소방청장은 소방기술자 실무교육에 관한 업무를 소방청장이 지정하는 실무교육기관 또는 한국소방안전원에 위탁한다. (소방시설공사업법 시행령 제20조 제1항)

정답 ≫ 38. ④ 39. ④

제6절 벌 칙

40 「소방시설공사업법 시행령」상 소방시설업에 대한 행정처분에 대한 설명이다. 빈칸에 들어갈 단어로 옳은 것은? (2018년 상반기 기출)

> 위반행위의 차수에 따른 행정처분의 기준은 최근 (   )간 같은 위반행위로 행정처분을 받은 경우에 적용한다. 이 경우 기준적용일은 위반사항에 대한 (   )과 그 처분 후 다시 적발한 날을 기준으로 한다.

① 6개월   행위일
② 6개월   행정처분일
③ 1년   행정처분일
④ 1년   행위일

41 「소방시설공사업법」상 벌칙 중 1년 이하의 징역 또는 1천만원 이하의 벌금에 해당하는 자로 옳지 않은 것은? (2020년 공채 기출)

① 소방시설업 등록을 하지 아니하고 영업을 한 자
② 영업정지처분을 받고 그 영업정지 기간에 영업을 한 자
③ 소방시설업자가 아닌 자에게 소방시설공사등을 도급한 자
④ 공사감리 결과의 통보 또는 공사감리 결과보고서의 제출을 거짓으로 한 자

해설

40 위반행위의 차수에 따른 행정처분의 기준은 <u>최근 1년간</u> 같은 위반행위로 행정처분을 받은 경우에 적용한다. 이 경우 기준적용일은 위반사항에 대한 <u>행정처분일</u>과 그 처분 후 다시 적발한 날을 기준으로 한다.

41 오답피하기
① 3년 이하의 징역 또는 3천만원 이하의 벌금

정답 ≫ 40. ③ 41. ①

Chapter 05 위험물안전관리법

제1절 총칙

01 「위험물안전관리법」의 목적에 대한 설명이다. 빈칸에 들어갈 단어로 옳은 것은?

(2017년 하반기 기출)

> 이 법은 위험물의 (가)·(나) 및 (다)과 이에 따른 안전관리에 관한 사항을 규정함으로써 위험물로 인한 위해를 방지하여 공공의 안전을 확보함을 목적으로 한다.

　　　(가)　(나)　(다)　　　　　　　(가)　(나)　(다)
① 저장 - 취급 - 운반　　　② 제조 - 취급 - 운반
③ 제조 - 저장 - 이송　　　④ 저장 - 취급 - 이송

02 「위험물안전관리법」상 위험물의 정의에 대한 내용이다. 빈칸에 알맞은 단어로 옳은 것은?

(2020년 공채 기출)

> "위험물"이라 함은 (가) 또는 (나) 등의 성질을 가지는 것으로서 (다)이 정하는 물품을 말한다.

　　　(가)　(나)　(다)　　　　　　　(가)　(나)　(다)
① 인화성 - 가연성 - 대통령령　　② 인화성 - 발화성 - 대통령령
③ 휘발성 - 가연성 - 행정안전부령　④ 인화성 - 휘발성 - 행정안전부령

해설

01 위험물안전관리법 제1조 (목적)
이 법은 위험물의 (가) 저장·(나) 취급 및 (다) 운반과 이에 따른 안전관리에 관한 사항을 규정함으로써 위험물로 인한 위해를 방지하여 공공의 안전을 확보함을 목적으로 한다.

02 "위험물"이라 함은 (가)인화성 또는 (나)발화성 등의 성질을 가지는 것으로서 (다)대통령령이 정하는 물품을 말한다. (위험물안전관리법 제2조)

정답 ≫ 01. ① 02. ②

03 「위험물안전관리법」상 용어의 정의에 관한 내용으로 옳지 않은 것은? (2020년 공채 기출)
① "취급소"라 함은 지정수량 이상의 위험물을 제조외의 목적으로 취급하기 위한 대통령령이 정하는 장소로서 「위험물안전관리법」에 따른 허가를 받은 장소를 말한다.
② "지정수량"이라 함은 위험물의 종류별로 위험성을 고려하여 대통령령이 정하는 수량으로서 제조소등의 설치허가 등에 있어서 최대의 기준이 되는 수량을 말한다.
③ "제조소등"이라 함은 제조소·저장소 및 취급소를 말한다.
④ "저장소"라 함은 지정수량 이상의 위험물을 저장하기 위하여 대통령령이 정하는 장소로서 「위험물안전관리법」에 따른 허가를 받은 장소를 말한다.

04 「위험물안전관리법 시행령」상 제1류 위험물의 품명으로 옳은 것은? (2023년 경력채용 기출)
① 질산
② 과염소산
③ 과산화수소
④ 과염소산염류

05 「위험물안전관리법 시행령」 및 같은 법 시행규칙상 위험물의 성질과 품명이 옳지 않은 것은?
(2021년 공채 기출)
① 가연성 고체 : 적린, 금속분
② 산화성 액체 : 과염소산, 질산
③ 산화성 고체 : 요오드산염류, 과요오드산
④ 자연발화성 및 금수성 물질 : 황린, 아조화합물

해설

03 오답피하기
② "지정수량"이라 함은 위험물의 종류별로 위험성을 고려하여 대통령령이 정하는 수량으로서 제조소등의 설치허가 등에 있어서 최저의 기준이 되는 수량을 말한다. (위험물안전관리법 제2조 제1항)

04 오답피하기
① 질산 : 제6류 위험물
② 과염소산 : 제6류 위험물
③ 과산화수소 : 제6류 위험물

05 오답피하기
④ 아조화합물은 제5류위험물인 자기반응성 물질에 해당한다.

정답 ≫ 03. ② 04. ④ 05. ④

05 위험물안전관리법

06 「위험물안전관리법 시행령」상 제5류 위험물의 품명 및 지정수량으로 옳게 연결된 것은?

(2017년 소방간부 기출)

① 유기과산화물 - 10kg
② 질산에스테르류 - 20kg
③ 니트로소화합물 - 100kg
④ 아조화합물 - 300kg
⑤ 니트로화합물 - 100kg

07 「위험물안전관리법 시행령」상 위험물 및 지정수량이 올바르게 짝지어진 것은?

(2019년 소방간부 기출)

	유별	품명	지정수량
①	제1류	과망간산염류	300kg
②	제2류	마그네슘	100kg
③	제3류	과염소산	300kg
④	제4류	알코올류	200kg
⑤	제5류	유기과산화물	10kg

해설

06 오답피하기
② 질산에스테르류 - <u>10kg</u>
③ 니트로소화합물 - <u>200kg</u>
④ 아조화합물 - <u>200kg</u>
⑤ 니트로화합물 - <u>200kg</u>

07 오답피하기

	유별	품명	지정수량
①	제1류	과망간산염류	<u>1000kg</u>
②	제2류	마그네슘	<u>500kg</u>
③	<u>제6류</u>	과염소산	300kg
④	제4류	알코올류	<u>400ℓ</u>

정답 ≫ 06. ① 07. ⑤

08 「위험물안전관리법 시행령」상 위험물 지정수량으로 옳은 것은? (2023년 경력채용 기출)

① 유기과산화물 : 10kg
② 아염소산염류 : 20kg
③ 황린 : 30kg
④ 유황 : 50kg

09 「위험물안전관리법 시행령」상 위험물의 지정수량이 가장 큰 것은? (2019년 상반기 기출)

① 브롬산염류
② 아염소산염류
③ 과염소산염류
④ 중크롬산염류

10 「위험물안전관리법 시행령」상 제4류 위험물 중 제1석유류로 옳은 것은? (2017년 소방간부 기출)

① 등유
② 중유
③ 휘발유
④ 클레오소트유
⑤ 경유

해설

08 오답피하기
② 아염소산염류 : 50kg
③ 황린 : 20kg
④ 유황 : 100kg

09 오답피하기
① 브롬산염류 : 300kg
② 아염소산염류 : 50kg
③ 과염소산염류 : 50kg
④ <u>중크롬산염류 : 1,000kg</u>

10 오답피하기
① 등유(제2석유류)
② 중유(제3석유류)
③ 휘발유(제1석유류)
④ 클레오소트유(제3석유류)
⑤ 경유(제2석유류)

정답 ≫ 08. ① 09. ④ 10. ③

11 「위험물안전관리법 시행령」상 용어에 대한 설명으로 옳지 않은 것은? (2018년 하반기 기출)

① 특수인화물 : 이황화탄소, 디에틸에테르 그 밖에 1기압에서 발화점이 섭씨 100도 이하인 것 또는 인화점이 영하 섭씨 20도 이하이고 비점이 섭씨 40도 이하인 것
② 제1석유류 : 아세톤, 휘발유 그 밖에 1기압에서 인화점이 섭씨 70도 미만인 것
③ 제3석유류 : 중유, 클레오소트유 그 밖에 1기압에서 인화점이 섭씨 70도 이상 섭씨 200도 미만인 것
④ 동식물유류 : 동물의 지육 등 또는 식물의 종자나 과육으로부터 추출한 것으로서 1기압에서 인화점이 섭씨 250도 미만인 것

12 제2석유류에 대한 설명이다. (㉠)~(㉢)에 알맞은 것은? (2019년 소방간부 기출)

> 제2석유류는 등유, 경유 그 밖에 1기압에서 인화점이 섭씨 (㉠)도 이상 70도 미만인 것을 말한다. 다만, 도료류 그 밖의 물품에 있어서 가연성 액체량이 (㉡)중량퍼센트 이하이면서 인화점이 섭씨 40도 이상인 동시에 연소점이 섭씨 (㉢)도 이상인 것은 제외한다.

	㉠	㉡	㉢		㉠	㉡	㉢
①	18	10	40	②	20	20	45
③	20	25	50	④	21	30	55
⑤	21	40	60				

11 오답피하기
② 제1석유류 : 아세톤, 휘발유 그 밖에 1기압에서 인화점이 섭씨 21도 미만인 것

12 (위험물안전관리법 시행령 제2조 및 제3조 관련 [별표1] 위험물 및 지정수량)

> 제2석유류는 등유, 경유 그 밖에 1기압에서 인화점이 섭씨 ㉠ 21도 이상 70도 미만인 것을 말한다. 다만, 도료류 그 밖의 물품에 있어서 가연성 액체량이 ㉡ 40중량퍼센트 이하이면서 인화점이 섭씨 40도 이상인 동시에 연소점이 섭씨 ㉢ 60도 이상인 것은 제외한다.

정답 ≫ 11. ② 12. ⑤

13 「위험물안전관리법 시행령」상 제1류 위험물에 관한 내용이다. (   ) 안에 들어갈 내용으로 옳은 것은? (2022년 소방간부 기출)

> 고체로서 (㉠)의 잠재적인 위험성 또는 (㉡)에 대한 민감성을 판단하기 위하여 소방청장이 정하여 고시하는 시험에서 고시로 정하는 성질과 상태를 나타내는 것을 말한다.

	㉠	㉡
①	폭발력	발화
②	산화력	충격
③	환원력	분해
④	산화력	폭발
⑤	환원력	연소

14 「위험물안전관리법 시행령」 별표 1에서 규정한 내용으로 옳지 않은 것은? (2022년 기출)

① 유황 : 순도가 60중량퍼센트 이상인 것을 말한다.
② 인화성고체 : 고형알코올 그 밖에 1기압에서 인화점이 섭씨 40도 미만인 고체를 말한다.
③ 철분 : 철의 분말로서 53마이크로미터의 표준체를 통과하는 것이 50중량퍼센트 미만인 것을 말한다.
④ 가연성고체 : 고체로서 화염에 의한 발화의 위험성 또는 인화의 위험성을 판단하기 위하여 고시로 정하는 시험에서 고시로 정하는 성질과 상태를 나타내는 것을 말한다.

해설

13 고체로서 (㉠산화력)의 잠재적인 위험성 또는 (㉡충격)에 대한 민감성을 판단하기 위하여 소방청장이 정하여 고시하는 시험에서 고시로 정하는 성질과 상태를 나타내는 것을 말한다.

14 오답피하기
③ 철분 : 철의 분말로서 53마이크로미터의 표준체를 통과하는 것이 50중량퍼센트 미만인 것은 제외한다.

정답 ≫ 13. ② 14. ③

05 위험물안전관리법

15 「위험물안전관리법 시행령」상 위험물에 대한 규정으로 옳지 않은 것은? (2023년 소방간부 기출)

① "인화성고체"라 함은 고형알코올 그 밖에 1기압에서 인화점이 섭씨40도 미만인 고체를 말한다.
② "철분"이라 함은 철의 분말로서 53마이크로미터의 표준체를 통과하는 것이 50중량퍼센트 미만인 것은 제외한다.
③ 유황은 순도가 60중량퍼센트 이상인 것을 말한다. 이 경우 순도측정에 있어서 불순물은 활석 등 불연성물질과 수분에 한한다.
④ "금속분"이라 함은 알칼리금속·알칼리토류금속·철 및 구리외의 금속의 분말을 말하고, 마그네슘분·니켈분 및 150마이크로미터의 체를 통과하는 것이 50중량퍼센트 미만인 것은 제외한다.
⑤ "제3석유류"라 함은 중유, 클레오소트유 그 밖에, 1기압에서 인화점이 섭씨 70도 이상 섭씨 200도 미만인 것을 말한다. 다만, 도료류 그 밖의 물품은 가연성 액체량이 40중량퍼센트 이하인 것은 제외한다.

해설

15 오답피하기
④ "금속분"이라 함은 알칼리금속·알칼리토류금속·철 및 <u>마그네슘</u>외의 금속의 분말을 말하고, <u>구리분</u>·니켈분 및 150마이크로미터의 체를 통과하는 것이 50중량퍼센트 미만인 것은 제외한다.

정답 ≫ 15. ④

제2절 위험물시설의 설치 및 변경

16 「위험물안전관리법」상 위험물 시설의 설치 및 변경 등에 대한 설명이다. 옳지 않은 것은?

(2018년 상반기 기출)

① 제조소 등을 설치하고 하는 자는 그 설치장소를 관할하는 시·도지사의 허가를 받아야 한다.
② 제조소 등의 위치·구조 또는 설비를 변경하고자 하는 때에는 시·도지사에게 신고해야 한다.
③ 제조소 등의 위치·구조 또는 설비의 변경없이 당해 제조소 등에서 저장하거나 취급하는 위험물의 품명·수량 또는 지정수량의 배수를 변경하고자 하는 자는 변경하고자 하는 날의 1일 전까지 시·도지사에게 신고해야 한다.
④ 수산용으로 필요한 건조시설을 위한 지정수량 10배의 저장소는 신고를 하지 아니하고 위험물의 품명·수량 또는 지정수량의 배수를 변경할 수 있다.

17 「위험물안전관리법」상 신고를 하지 아니하고 위험물의 품명·수량 또는 지정수량의 배수를 변경할 수 있는 경우로 옳은 것은?

(2019년 상반기 기출)

① 농예용으로 필요한 건조시설을 위한 지정수량 20배 이하의 취급소
② 축산용으로 필요한 난방시설을 위한 지정수량 20배 이하의 저장소
③ 수산용으로 필요한 건조시설을 위한 지정수량 30배 이하의 저장소
④ 공동주택의 중앙난방시설을 위한 지정수량 30배 이하의 취급소

해설

16 오답피하기
② 제조소등을 설치하고자 하는 자는 대통령령이 정하는 바에 따라 그 설치장소를 관할하는 시·도지사의 허가를 받아야 한다. 제조소등의 위치·구조 또는 설비 가운데 행정안전부령이 정하는 사항을 변경하고자 하는 때에도 또한 같다. (신고를 하는 것이 아니라 변경허가를 받아야 한다.)

17 오답피하기
① 농예용으로 필요한 건조시설을 위한 지정수량 20배 이하의 저장소
③ 수산용으로 필요한 건조시설을 위한 지정수량 20배 이하의 저장소
④ 공동주택의 중앙난방시설은 품명·수량 또는 지정수량의 배수 변경 시 신고를 해야 하는 대상에 해당한다.

정답 ≫ 16. ② 17. ②

05 위험물안전관리법

18 「위험물안전관리법 시행령」상 위험물 시설에 대한 탱크안전성능검사 중 기초·지반검사 대상이 되는 탱크의 기준은?
(2016년 소방간부 기출)

① 옥내탱크저장소의 액체위험물탱크 중 그 용량이 100만 리터 이상인 탱크
② 옥외탱크저장소의 액체위험물탱크 중 그 용량이 100만 리터 이상인 탱크
③ 옥내탱크저장소의 액체위험물탱크 중 그 용량이 500만 리터 이상인 탱크
④ 옥외탱크저장소의 액체위험물탱크 중 그 용량이 500만 리터 이상인 탱크
⑤ 옥내저장소의 액체위험물탱크 중 그 용량이 100만리터 이상인 탱크

19 「위험물안전관리법 시행규칙」상 완공검사 신청시기에 대한 설명이다. 옳지 않은 것은?
(2018년 상반기 기출)

① 지하탱크가 있는 제조소 등의 경우 : 당해 지하탱크를 매설하기 전
② 이동탱크저장소의 경우 : 상치장소를 확보하기 전 이동저장탱크를 완공한 후
③ 이송취급소의 경우 : 이송배관 공사의 전체 또는 일부를 완료한 후. 다만, 지하·하천 등에 매설하는 이송배관의 공사의 경우에는 이송배관을 매설하기 전
④ 전체 공사가 완료된 후에는 완공검사를 실시하기 곤란한 경우 : 위험물설비 또는 설치가 완료되어 기밀시험 또는 내압시험을 실시하는 시기

해설

18 탱크안전성능검사 중 기초·지반검사는 <u>옥외탱크저장소의 액체위험물탱크 중 그 용량이 100만 리터 이상인 탱크</u>에 대해서 실시한다.

19 오답피하기
② 이동저장탱크에 대한 완공검사 신청 시기는 이동저장탱크를 완공하고 상치장소를 확보한 후이다.

정답 ≫ 18. ② 19. ②

제3절 위험물시설의 안전관리

20 「위험물안전관리법」상 위험물안전관리자의 선임 등에 관한 사항이다. (   ) 안에 들어갈 숫자로 옳은 것은?

(2020년 공채 기출)

> - 위험물안전관리자를 선임한 제조소등의 관계인은 그 위험물안전관리자를 해임하거나 위험물안전관리자가 퇴직한 때에는 해임하거나 퇴직한 날부터 (가)일 이내에 다시 위험물안전관리자를 선임하여야 한다.
> - 제조소등의 관계인은 위험물안전관리자를 선임한 경우에는 선임한 날부터 (나)일 이내에 행정안전부령으로 정하는 바에 따라 소방본부장 또는 소방서장에게 신고하여야 한다.

	(가)	(나)		(가)	(나)
①	15	14	②	15	30
③	30	14	④	30	30

해설

20
- 위험물안전관리자를 선임한 제조소등의 관계인은 그 위험물안전관리자를 해임하거나 위험물안전관리자가 퇴직한 때에는 해임하거나 퇴직한 날부터 (가. 30)일 이내에 다시 위험물안전관리자를 선임하여야 한다.
- 제조소등의 관계인은 위험물안전관리자를 선임한 경우에는 선임한 날부터 (나. 14)일 이내에 행정안전부령으로 정하는 바에 따라 소방본부장 또는 소방서장에게 신고하여야 한다.

정답 ≫ 20. ③

05 위험물안전관리법

21 「위험물안전관리법」상 위험물안전관리자에 대한 내용으로 옳지 않은 것은?

(2021년 소방간부 기출)

① 안전관리자를 선임한 제조소등의 관계인은 그 안전관리자를 해임하거나 안전관리자가 퇴직한 때에는 해임하거나 퇴직한 날부터 30일 이내에 다시 안전관리자를 선임하여야 한다.
② 제조소등의 관계인은 관련 법령에 따라 안전관리자를 선임한 경우에는 선임한 날부터 14일 이내에 행정안전부령으로 정하는 바에 따라 소방본부장 또는 소방서장에게 신고하여야 한다.
③ 제조소등의 관계인이 안전관리자를 해임하거나 안전관리자가 퇴직한 경우 그 관계인 또는 안전관리자는 소방본부장이나 소방서장에게 그 사실을 알려 해임되거나 퇴직한 사실을 확인받을 수 있다.
④ 안전관리자를 선임한 제조소등의 관계인은 안전관리자의 해임 또는 퇴직과 동시에 다른 안전관리자를 선임하지 못하는 경우에는 국가기술자격법에 따른 위험물의 취급에 관한 자격취득자 또는 위험물안전에 관한 기본지식과 경험이 있는자로서 소방본부장이나 소방서장이 정하는 자를 대리자(代理者)로 지정하여 그 직무를 대행하게 하여야 한다.
⑤ 제조소등의 종류 및 규모에 따라 선임하여야 하는 안전관리자의 자격은 대통령령으로 정한다.

해설

21 오답피하기

④ 안전관리자를 선임한 제조소등의 관계인은 안전관리자의 해임 또는 퇴직과 동시에 다른 안전관리자를 선임하지 못하는 경우에는 국가기술자격법에 따른 위험물의 취급에 관한 자격취득자 또는 위험물안전에 관한 기본지식과 경험이 있는자로서 <u>행정안전부령이 정하는 자</u>를 대리자(代理者)로 지정하여 그 직무를 대행하게 하여야 한다. (「위험물안전관리법」 제15조 제5항)

정답 》》 21. ④

22
「위험물안전관리법 시행령」상 1인의 안전관리자를 중복하여 선임할 수 있는 저장소 등으로 옳은 것을 모두 고르면?
(2018년 상반기 기출)

> ㉠ 보일러·버너 위험물을 소비하는 장치로 이루어진 7개 이하의 일반취급소와 그 일반취급소에 공급하기 위한 위험물을 저장하는 저장소
> ㉡ 동일구내에 있는 11개의 옥내저장소
> ㉢ 동일구내에 있는 11개의 암반탱크저장소
> ㉣ 동일구내에 있는 31개의 옥외탱크저장소

① ㉠ ② ㉠, ㉡
③ ㉠, ㉣ ④ ㉠, ㉢, ㉣

23
「위험물안전관리법 시행령」상 관계인이 예방규정을 정하여야 하는 제조소등으로 옳지 않은 것은?
(2018년 하반기 기출)

① 지정수량의 10배 이상의 위험물을 취급하는 제조소
② 지정수량의 50배 이상의 위험물을 저장하는 옥외저장소
③ 지정수량 150배 이상의 위험물을 저장하는 옥내저장소
④ 암반탱크저장소

해설

22 오답피하기
㉡ 10개 이하의 옥내저장소 ㉢ 10개 이하의 암반탱크저장소 ㉣ 30개 이하의 옥외탱크저장소

23 예방규정을 정하여야 하는 제조소등

1. 지정수량의 10배 이상의 위험물을 취급하는 제조소
2. 지정수량의 100배 이상의 위험물을 저장하는 옥외저장소
3. 지정수량의 150배 이상의 위험물을 저장하는 옥내저장소
4. 지정수량의 200배 이상의 위험물을 저장하는 옥외탱크저장소
5. 암반탱크저장소
6. 이송취급소
7. 지정수량의 10배 이상의 위험물을 취급하는 일반취급소. 다만, 제4류 위험물(특수인화물을 제외한다)만을 지정수량의 50배 이하로 취급하는 일반취급소(제1석유류·알코올류의 취급량이 지정수량의 10배 이하인 경우에 한한다)로서 다음 각목의 어느 하나에 해당하는 것을 제외한다.

> 가. 보일러·버너 또는 이와 비슷한 것으로서 위험물을 소비하는 장치로 이루어진 일반취급소
> 나. 위험물을 용기에 옮겨 담거나 차량에 고정된 탱크에 주입하는 일반취급소

오답피하기
② 지정수량 100배 이상의 위험물을 저장하는 옥외저장소

정답 ≫ 22. ① 23. ②

05 위험물안전관리법

24 「위험물안전관리법 시행규칙」상 관계인이 예방규정을 정하여야 하는 제조소등에 대한 기준이다. ( ) 안에 들어갈 내용으로 옳은 것은? (2022년 기출)

- 지정수량의 (ㄱ)배 이상의 위험물을 취급하는 제조소
- 지정수량의 (ㄴ)배 이상의 위험물을 저장하는 옥내저장소
- 지정수량의 (ㄷ)배 이상의 위험물을 저장하는 옥외저장소
- 지정수량의 (ㄹ)배 이상의 위험물을 저장하는 옥외탱크저장소

	ㄱ	ㄴ	ㄷ	ㄹ
①	10	150	100	200
②	50	150	100	200
③	10	100	150	200
④	50	100	150	250

25 「위험물안전관리법」 및 같은 법 시행령상 관계인이 예방규정을 정하여야 하는 제조소등에 해당하지 않는 것은? (2023년 공채 기출)

① 4,000L의 알코올류를 취급하는 제조소
② 30,000kg의 유황을 저장하는 옥외저장소
③ 2,500kg의 질산에스테르류를 저장하는 옥내저장소
④ 150,000L의 경유를 저장하는 옥외탱크저장소

해설

24
- 지정수량의 (ㄱ 10)배 이상의 위험물을 취급하는 제조소
- 지정수량의 (ㄴ 150)배 이상의 위험물을 취급하는 옥내저장소
- 지정수량의 (ㄷ 100)배 이상의 위험물을 취급하는 옥외저장소
- 지정수량의 (ㄹ 200)배 이상의 위험물을 취급하는 옥외탱크저장소

25 ① 지정수량의 10배(알코올은 400ℓ)인 제조소(10배 이상)이므로 예방규정을 정하여야 하는 대상에 해당한다.
② 지정수량의 300배(유황은 100kg)인 옥외저장소(100배 이상)이므로 예방규정을 정하여야 하는 대상에 해당한다.
③ 지정수량의 250배(질산에스테르류는 10kg)인 옥내저장소(150배 이상)이므로 예방규정을 정하여야 하는 대상에 해당한다.

오답피하기
④ 지정수량의 150배(경유는 1,000ℓ)인 옥외탱크저장소(200배 이상)이므로 예방규정을 정하여야 하는 대상에 해당하지 않는다.

정답 ≫ 24. ① 25. ④

26 「위험물안전관리법 시행령」상 정기점검대상으로 옳지 않은 것은? (2017년 하반기 기출)

① 80배 옥외저장소
② 암반탱크저장소
③ 이동탱크저장소
④ 210배 옥외탱크저장소

27 「위험물안전관리법 시행령」상 정기점검 대상인 저장소로 옳지 않은 것은? (2021년 공채 기출)

① 옥내탱크저장소
② 지하탱크저장소
③ 이동탱크저장소
④ 암반탱크저장소

해설

26 정기점검의 대상인 제조소등

1. 예방규정을 정해야 하는 제조소등
   - 지정수량의 10배 이상의 위험물을 취급하는 제조소 및 일반취급소
   - <u>지정수량의 100배 이상의 위험물을 저장하는 옥외저장소</u>
   - 지정수량의 150배 이상의 위험물을 저장하는 옥내저장소
   - 지정수량의 200배 이상의 위험물을 저장하는 옥외탱크저장소
   - 암반탱크저장소
   - 이송취급소
2. 이동탱크저장소
3. 지하탱크저장소
4. 위험물을 취급하는 탱크로서 지하에 매설된 탱크가 있는 제조소·주유취급소 또는 일반취급소

오답피하기
① 80배 옥외저장소는 예방규정을 정해야 하는 제조소 등에 해당하지 않으므로 정기점검 대상에도 해당하지 않는다.

27 오답피하기
지정수량에 관계없이 정기점검 대상에 해당하는 저장소에는 ②지하탱크저장소, ③이동탱크저장소, ④암반탱크저장소, 이송취급소가 있다.

정답 ≫ 26. ① 27. ①

05 위험물안전관리법

28 다음은 자체소방대에 두는 화학소방자동차와 자체소방대원의 수에 관한 규정이다. 빈칸에 들어갈 숫자가 바르게 짝지어진 것은?   (2018년 하반기 기출)

> 제조소 또는 일반취급소에서 취급하는 제4류 위험물의 최대수량의 합이 지정수량의 24만 배 이상 48만 배 미만인 사업소에는 화학소방자동차 (㉠)대와 자체소방대원 (㉡)인을 두어야 한다.

	㉠	㉡		㉠	㉡
①	2	10	②	2	15
③	3	10	④	3	15

29 「위험물안전관리법 시행령」상 다량의 위험물을 저장·취급하는 제조소등에서 자체소방대를 설치하여야 하는 사업소로 옳지 않은 것은?   (2022년 기출)

① 최대수량의 합이 지정수량의 3천배 이상인 제4류 위험물을 취급하는 제조소
② 최대수량의 합이 지정수량의 3천배 이상인 제4류 위험물을 취급하는 일반취급소
③ 최대수량이 지정수량의 50만배 이상인 제4류 위험물을 저장하는 옥내탱크저장소
④ 최대수량이 지정수량의 50만배 이상인 제4류 위험물을 저장하는 옥외탱크저장소

해설

28 자체소방대에 두는 화학소방자동차 및 인원

사업소의 구분	화학소방자동차	자체소방대원수
지정수량의 12만배 미만	1대	5인
지정수량의 12만배~24만배	2대	10인
지정수량의 24만배~48만배	3대	15인
지정수량의 48만배 이상	4대	20인

29 오답피하기
③ 최대수량이 지정수량의 50만배 이상인 제4류 위험물을 저장하는 <u>옥외탱크저장소</u>

정답 ≫ 28. ④ 29. ③

30 「위험물안전관리법 시행령」상 제조소에서 취급하는 제4류 위험물의 최대수량의 합이 지정수량의 50만 배인 사업소의 경우, 자체소방대에 두는 화학소방자동차와 자체소방대원의 수로 옳은 것은?

(2023년 소방간부 기출)

	화학소방자동차	자체소방대원
①	1대	5인
②	2대	10인
③	3대	15인
④	4대	20인
⑤	5대	10인

31 「위험물안전관리법 시행규칙」상 화학소방자동차에 갖추어야 하는 소화능력 또는 설비의 기준으로 옳은 것은?

(2023년 공채 기출)

① 포수용액 방사차 : 포수용액의 방사능력이 매분 1,000L 이상일 것
② 분말 방사차 : 1,000kg 이상의 분말을 비치할 것
③ 할로겐화합물 방사차 : 할로겐화합물의 방사능력이 매초 40kg 이상일 것
④ 이산화탄소 방사차 : 1,000kg 이상의 이산화탄소를 비치할 것

해설

30 정답 ④

④ 제조소에서 취급하는 제4류 위험물의 최대수량의 합이 지정수량의 합이 50만배인 사업소의 경우에는 48만배 이상인 제조소 또는 일반취급소에 해당하므로 화학소방차는 4대 이상, 자체소방대원의 수는 20인 이어야 한다.

31 오답피하기

① 포수용액 방사차 : 포수용액의 방사능력이 매분 2,000L 이상일 것
② 분말 방사차 : 1,400kg 이상의 분말을 비치할 것
④ 이산화탄소 방사차 : 3,000kg 이상의 이산화탄소를 비치할 것

정답 ≫ 30. ④ 31. ③

05 위험물안전관리법

32 「화재의 예방 및 안전관리에 관한 법률 시행령」상 불을 사용하는 설비의 관리기준 등에 관한 내용으로 옳지 않은 것은? (2023년 경력채용 기출)

① 보일러 : 가연성 벽·바닥 또는 천장과 접촉하는 증기기관 또는 연통의 부분은 규조토 등 난연성 또는 불연성 단열재로 덮어씌워야 한다.
② 난로 : 가연성 벽·바닥 또는 천장과 접촉하는 연통의 부분은 규조토 등 난연성 또는 불연성 단열재로 덮어씌워야 한다.
③ 건조설비 : 실내에 설치하는 경우에 벽·천장 및 바닥은 준불연재료로 해야 한다.
④ 노·화덕설비 : 노 또는 화덕을 설치하는 장소의 벽·천장은 불연재료로 된 것이어야 한다.

제4절 위험물의 운반 등

33 「위험물안전관리법 시행령」상 운송책임자의 감독 또는 지원을 받아 운송하여야 하는 위험물로 옳은 것은? (2018년 하반기 기출)

① 알킬알루미늄, 알킬리튬
② 마그네슘, 염소류
③ 적린, 금속분
④ 유황, 황산

해설

32 오답피하기
③ 건조설비 : 실내에 설치하는 경우에 벽·천장 및 바닥은 <u>불연재료로</u> 해야 한다.

33 운송책임자의 감독·지원을 받아 운송하여야 하는 위험물(위험물 안전관리법 시행령 제19조)
㉠ 알킬알루미늄
㉡ 알킬리튬
㉢ 위의 물질을 함유하는 위험물

정답 ≫ 32. ③ 33. ①

34 「위험물안전관리법 시행령」상 운송책임자의 감독·지원을 받아 운송하여야 하는 위험물을 있는 대로 고르면?

(2019년 소방간부 기출)

> ㉠ 알킬알루미늄 ㉡ 마그네슘 ㉢ 히드록실아민
> ㉣ 중크롬산 ㉤ 알킬리튬 ㉥ 적린

① ㉠, ㉢
② ㉠, ㉤
③ ㉢, ㉣
④ ㉢, ㉤
⑤ ㉡, ㉥

35 「위험물안전관리법」상 위험물안전관리자 선임에 대한 내용이다. (㉠), (㉡)에 알맞은 것은?

(2019년 소방간부 기출)

> 안전관리자를 선임한 제조소등의 관계인은 그 안전관리자를 해임하거나 안전관리자가 퇴직한 때에는 해임하거나 퇴직한 날부터 (㉠)일 이내에 다시 안전관리자를 선임하여야 한다. 안전관리자를 선임한 경우에 선인한 날부터 (㉡)일 이내에 행정안전부령으로 정하는 바에 따라 소방본부장 또는 소방서장에게 신고하여야 한다.

	㉠	㉡		㉠	㉡
①	7	14	②	14	7
③	30	7	④	30	14
⑤	30	30			

해설

34 「위험물안전관리법 시행령」상 운송책임자의 감독·지원을 받아 운송하여야 하는 위험물

1) 알킬알루미늄
2) 알킬리튬
3) 위의 물질을 함유하는 위험물

35 안전관리자를 선임한 제조소등의 관계인은 그 안전관리자를 해임하거나 안전관리자가 퇴직한 때에는 해임하거나 퇴직한 날부터 ㉠ 30일 이내에 다시 안전관리자를 선임하여야 한다. 안전관리자를 선임한 경우에 선인한 날부터 ㉡ 14일 이내에 행정안전부령으로 정하는 바에 따라 소방본부장 또는 소방서장에게 신고하여야 한다.

정답 ≫ 34. ② 35. ④

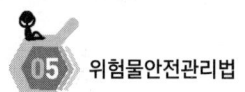

05 위험물안전관리법

36 「위험물안전관리법 시행령」상 소방공무원으로서 근무한 경력이 5년인 사람이 위험물취급자격자로서 취급할 수 있는 위험물의 종류로 옳은 것은? (2017년 하반기 기출)

① 제1류 위험물
② 제2류 위험물
③ 제3류 위험물
④ 제4류 위험물

37 「위험물안전관리법 시행규칙」상 위험물의 운반에 관한 기준 중 적재방법에 대한 내용으로 옳지 않은 것은? (다만, 덩어리 상태의 유황을 운반하기 위하여 적재하는 경우 또는 위험물을 동일구내에 있는 제조소등의 상호간에 운반하기 위하여 적재하는 경우는 제외한다.) (2023년 공채 기출)

① 하나의 외장용기에는 다른 종류의 위험물을 수납하지 아니할 것
② 고체 위험물은 운반용기 내용적의 95% 이하의 수납율로 수납할 것
③ 액체 위험물은 운반용기 내용적의 98% 이하의 수납율로 수납하되, 55℃의 온도에서 누설되지 아니하도록 충분한 공간용적을 유지하도록 할 것
④ 자연발화물질 중 알킬알루미늄등은 운반용기 내용적의 95% 이하의 수납율로 수납하되, 55℃의 온도에서 10% 이상의 공간용적을 유지하도록 할 것

해설

36 위험물취급자격자

위험물취급자격자의 구분	취급할 수 있는 위험물
위험물기능장, 위험물산업기사, 위험물기능사	모든 위험물
안전관리자교육 이수자	제4류 위험물
소방공무원으로 근무한 경력이 3년 이상인 자	

37 오답피하기

④ 자연발화물질 중 알킬알루미늄등은 운반용기 내용적의 <u>90%</u> 이하의 수납율로 수납하되, <u>50℃</u>의 온도에서 <u>5%</u> 이상의 공간용적을 유지하도록 할 것

정답 ≫ 36. ④ 37. ④

38 「위험물안전관리법 시행규칙」상 위험등급Ⅱ의 위험물에 해당하는 것은? (2023년 경력채용 기출)
① 제3류 위험물 중 칼륨
② 제2류 위험물 중 적린
③ 제4류 위험물 중 특수인화물
④ 제1류 위험물 중 무기과산화물

제5절 감독 및 조치명령

39 위험물의 누출·화재·폭발 등의 사고가 발생한 경우 사고의 원인 및 피해 등을 조사하여야 하는 자로 옳지 않은 것은? (2018년 하반기 기출)
① 시·도지사
② 소방청장
③ 소방본부장
④ 소방서장

제6절 벌칙

40 「위험물안전관리법」상 벌칙 기준이 다른 것은? (2020년 공채 기출)
① 제조소등의 사용정지명령을 위반한 자
② 변경허가를 받지 아니하고 제조소등을 변경한 자
③ 위험물의 저장 또는 취급에 관한 중요기준에 따르지 아니한 자
④ 위험물안전관리자 또는 그 대리자가 참여하지 아니한 상태에서 위험물을 취급한 자

38 오답피하기
①, ③, ④는 위험등급Ⅰ의 위험물에 해당한다.

39 오답피하기
소방청장, 소방본부장 또는 소방서장(조사3인방)은 위험물의 누출·화재·폭발 등의 사고가 발생한 경우 사고의 원인 및 피해 등을 조사하여야 한다.

40 오답피하기
① 1천500만원 이하의 벌금
② 1천500만원 이하의 벌금
③ 1천500만원 이하의 벌금
④ 1천만원 이하의 벌금

정답 ≫ 38. ② 39. ① 40. ④

Chatper 06 위험물안전관리법 시행규칙

01 위험물안전관리법상 제조소의 설비기준 중 환기설비 설치기준으로 옳지 않은 것은?

(2016년 소방안전교육사)

① 환기는 강제배기방식으로 할 것
② 급기구는 당해 급기구가 설치된 실의 바닥면적 150 m²마다 1개 이상으로 할 것
③ 급기구가 설치된 실의 바닥면적이 150 m² 이상인 경우 급기구의 크기는 800 cm² 이상으로 할 것
④ 급기구는 낮은 곳에 설치하고 가는 눈의 구리망 등으로 인화방지망을 설치할 것

02 「위험물안전관리법 시행규칙」상 제조소의 설치기준에 대한 설명이다. 옳지 않은 것은?

(2018년 상반기 기출)

① 채광설비는 불연재료로 하고, 연소 우려가 없는 장소에 설치한다.
② 조명설비의 전선은 내화·내열 전선으로 한다.
③ 환기설비의 급기구의 크기는 800cm² 이상으로 한다.
④ 환기설비의 급기구는 높은 곳에 설치한다.

해설

01 오답피하기
① 환기는 자연배기방식으로 할 것

02 오답피하기
④ 급기구는 낮은 곳에 설치하고 가는 눈의 구리망 등으로 인화방지망을 설치할 것

정답 ≫ 01. ① 02. ④

03 「위험물안전관리법 시행규칙」상 제조소의 위치·구조 및 설비의 기준에 대한 설명으로 옳지 않은 것은?

(2019년 상반기 기출)

① 환기설비는 자연배기 방식으로 하여야 한다.
② 제6류 위험물을 취급하는 제조소는 안전거리 적용제외 대상이다.
③ "위험물 제조소"라는 표시를 한 표지의 바탕은 흑색으로, 문자는 백색으로 하여야 한다.
④ 제5류 위험물을 저장 또는 취급하는 제조소에는 "화기엄금"을 표시한 게시판을 설치하여야 한다.

04 「위험물안전관리법 시행규칙」상 제조소의 환기설비의 기준에 대한 설명으로 옳지 않은 것은?

(2021년 공채 기출)

① 환기는 기계배기방식으로 할 것
② 환기구는 지상 2m 이상의 높이에 루푸팬방식으로 설치할 것
③ 바닥면적이 90m²일 경우 급기구의 면적은 450cm² 이상으로 할 것
④ 급기구는 낮은 곳에 설치하고 가는 눈의 구리망 등으로 인화방지망을 설치할 것

해설

03 오답피하기
③ "위험물 제조소"라는 표시를 한 표지의 바탕은 <u>백색</u>으로, 문자는 <u>흑색</u>으로 하여야 한다.

04 오답피하기
① 환기는 <u>자연배기방식</u>으로 할 것

정답 ≫ 03. ③ 04. ①

06 위험물안전관리법 시행규칙

05 「위험물안전관리법 시행규칙」상 고인화점인화물을 상온에서 취급하는 경우 제조소의 시설기준 중 일부 완화된 시설기준을 적용할 수 있는 데, 고인화점위험물의 정의로 옳은 것은?

(2019년 상반기 기출)

① 인화점이 250℃ 이상인 인화성 액체
② 인화점이 100℃ 이상인 제4류 위험물
③ 인화점이 70℃ 이상 200℃ 미만인 제4류 위험물
④ 인화점이 70℃ 이상이고 가연성 액체량이 40중량퍼센트 이상인 제4류 위험물

06 「위험물안전관리법 시행규칙」상 위험물 제조소의 표지 및 게시판에 대한 내용으로 옳지 않은 것은?

(2022년 기출)

① 게시판은 한변의 길이가 0.3m 이상, 다른 한변의 길이가 0.6m 이상인 직사각형으로 한다.
② 제4류 위험물에 있어서는 적색바탕에 백색문자로, "화기엄금"을 표시한다.
③ 알칼리금속의 과산화물은 청색바탕에 백색문자로, "물기엄금"을 표시한다.
④ 인화성고체에 있어서는 적색바탕에 백색문자로, "화기주의"를 표시한다.

07 「위험물안전관리법 시행규칙」상 제조소의 위치·구조 및 설비의 기준에 근거하여 취급하는 위험물의 최대수량이 지정수량의 20배인 경우, 제조소 주위에 보유하여야 하는 공지의 너비는?

(2023년 공채 기출)

① 2m 이상
② 3m 이상
③ 4m 이상
④ 5m 이상

해설

05 「위험물안전관리법 시행규칙」상 제조소의 시설기준 중 일부 완화된 시설기준을 적용할 수 있는 고인화점위험물은 인화점이 100℃ 이상인 제4류 위험물을 말한다.

06 오답피하기
④ 인화성고체에 있어서는 적색바탕에 백색문자로, "화기엄금"을 표시한다.

07 ④ 위험물의 최대수량이 지정수량의 10배를 초과하는 제조소는 공지의 너비를 5m 이상으로 해야 한다.

정답 ≫ 05. ② 06. ④ 07. ④

08 「위험물안전관리법 시행규칙」상 복합용도 건축물의 옥내저장소의 기준에 대한 설명으로 옳지 않은 것은?　　(2017년 하반기 기출)
① 옥내저장소의 용도에 사용되는 부분의 바닥면적은 75m² 이하로 하여야 한다.
② 옥내저장소의 용도에 사용되는 부분의 바닥은 지면보다 높게 설치하고 그 층고를 6m 미만으로 하여야 한다.
③ 옥내저장소의 용도에 사용되는 부분의 출입구에는 수시로 열 수 있는 자동폐쇄식의 갑종방화문 또는 을종방화문을 설치하여야 한다.
④ 옥내저장소의 용도에 사용되는 부분에는 창을 설치하지 아니하여야 한다.

09 「위험물안전관리법 시행규칙」상 옥외저장탱크의 위치·구조 및 설비 기준에 대한 설명으로 옳지 않은 것은?　　(2019년 상반기 기출)
① 옥외저장탱크는 위험물의 폭발 등에 의하여 탱크내의 압력이 비정상적으로 상승하는 경우에 내부의 가스 또는 증기를 상부로 방출할 수 있는 구조로 하여야 한다.
② 이황화탄소의 옥외저장탱크는 벽 및 바닥의 두께가 0.2m 이상이고 누수가 되지 아니하는 철근콘크리트의 수조에 넣어 보관하여야 한다.
③ 옥외저장탱크의 배수관은 탱크의 밑판에 설치하여야 한다. 다만, 탱크와 배수관과의 결합부분이 지진 등에 의하여 손상을 받을 우려가 없는 방법으로 배수관을 설치하는 경우에는 탱크의 옆판에 설치할 수 있다.
④ 제3류 위험물 중 금수성물질(고체에 한한다)의 옥외저장탱크에는 방수성의 불연재료로 만든 피복설비를 설치하여야 한다.

해설

08 **오답피하기**
③ 옥내저장소의 용도에 사용되는 부분의 출입구에는 수시로 열 수 있는 자동폐쇄식의 <u>갑종방화문</u>을 설치하여야 한다.

09 **오답피하기**
③ 옥외저장탱크의 배수관은 탱크의 <u>옆판</u>에 설치하여야 한다. 다만, 탱크와 배수관과의 결합부분이 지진 등에 의하여 손상을 받을 우려가 없는 방법으로 배수관을 설치하는 경우에는 탱크의 <u>밑판</u>에 설치할 수 있다.

정답 ≫ 08. ③　09. ③

10. 「위험물안전관리법 시행규칙」상 옥외탱크저장소의 위치·구조 및 설비의 기준에 관한 내용이다. 빈칸에 들어갈 숫자로 옳은 것은?

(2021년 공채 기출)

> 가. 지정수량의 650배를 저장하는 옥외탱크저장소의 보유공지는 (ㄱ)m 이상이다.
> 나. 펌프설비의 주위에는 너비 (ㄴ)m 이상의 공지를 보유해야 한다. 다만, 방화상 유효한 격벽을 설치하는 경우와 제6류 위험물 또는 지정수량의 (ㄷ)배 이하의 위험물의 옥외저장탱크의 펌프설비에 있어서는 그러하지 아니하다.

	ㄱ	ㄴ	ㄷ
①	3	3	20
②	3	5	10
③	5	3	10
④	5	5	20

11. 「위험물안전관리법 시행규칙」상 옥외탱크저장소의 위치·구조 및 설비 기준에 대한 설명으로 옳지 않은 것은?

(2022년 기출)

① 저장 또는 취급하는 위험물의 최대수량이 지정수량의 500배 이하인 경우 보유 공지너비는 5m 이상으로 해야 한다.
② 옥외탱크저장소 중 그 저장 또는 취급하는 액체위험물의 최대수량이 100만ℓ 이상의 것을 특정옥외탱크저장소라 한다.
③ 밸브 없는 통기관의 지름은 30mm 이상으로 하고 끝부분은 수평면보다 45도 이상 구부려 빗물 등의 침투를 막는 구조로 한다.
④ 압력탱크(최대상용압력이 대기압을 초과하는 탱크를 말한다)외의 탱크는 충수시험, 압력탱크는 최대상용압력의 1.5배의 압력으로 10분간 실시하는 수압시험에서 각각 새거나 변형되지 아니하여야 한다.

해설

10
> 가. 지정수량의 650배를 저장하는 옥외탱크저장소의 보유공지는 (ㄱ5) m 이상이다.
> 나. 펌프설비의 주위에는 너비 (ㄴ3) m 이상의 공지를 보유해야 한다. 다만, 방화상 유효한 격벽을 설치하는 경우와 제6류 위험물 또는 지정수량의 (ㄷ10)배 이하 위험물의 옥외저장탱크의 펌프설비에 있어서는 그러하지 아니하다.

11 오답피하기
① 저장 또는 취급하는 위험물의 최대수량이 지정수량의 500배 이하인 경우 보유공지너비는 <u>3m 이상</u>으로 해야 한다.

정답 ≫ 10. ③ 11. ①

12 「위험물안전관리법 시행규칙」상 지하저장탱크의 주위에는 당해 탱크로부터의 액체위험물 누설을 검사하기 위한 관에 대한 설명으로 옳지 않은 것은? (2018년 상반기 기출)

① 이중관으로 할 것. 다만, 소공이 없는 상부는 단관으로 할 수 있다.
② 재료는 금속관 또는 경질합성수지관으로 할 것
③ 관은 탱크전용실의 바닥 또는 탱크의 기초까지 닿게 할 것
④ 상부는 물이 침투하지 아니하는 구조로 하고, 뚜껑은 검사시에 쉽게 열 수 없도록 할 것

13 「위험물안전관리법 시행령」상 지정수량 이상의 위험물을 옥외저장소에 저장할 수 있는 것으로 옳지 않은 것은? (다만, 「국제해사기구에 관한 협약」에 의하여 설치된 국제해사기구가 채택한 「국제해상위험물규칙」(IMDG Code)에 적합한 용기에 수납된 위험물은 제외한다.) (2023년 공채 기출)

① 제1류 위험물 중 염소산염류
② 제2류 위험물 중 유황
③ 제4류 위험물 중 알코올류
④ 제6류 위험물

해설

12 오답피하기
④ 상부는 물이 침투하지 아니하는 구조로 하고, 뚜껑은 검사시에 쉽게 열 수 있도록 해야 한다.

13 ▶ 옥외저장소
옥외에 다음에 해당하는 위험물을 저장하는 장소
가. 제2류 위험물중 유황 또는 인화성고체(인화점이 섭씨 0도 이상인 것에 한한다)
나. 제4류 위험물중 제1석유류(인화점이 섭씨 0도 이상인 것에 한한다)·알코올류·제2석유류·제3석유류·제4석유류 및 동식물유류
다. 제6류 위험물
라. 제2류 위험물 및 제4류 위험물중 특별시·광역시 또는 도의 조례에서 정하는 위험물(「관세법」 제154조의 규정에 의한 보세구역안에 저장하는 경우에 한한다)
마. 「국제해사기구에 관한 협약」에 의하여 설치된 국제해사기구가 채택한 「국제해상위험물규칙」(IMDG Code)에 적합한 용기에 수납된 위험물

정답 ≫ 12. ④ 13. ①

06 위험물안전관리법 시행규칙

14 「위험물안전관리법 시행규칙」상 고객이 직접 주유하는 주유취급소에 대한 설명으로 옳지 않은 것은? (2017년 하반기 기출)

① 주유노즐은 자동차 등의 연료탱크가 가득 찬 경우 수동으로 정지시키는 구조이어야 한다.
② 주유호스는 200kg중 이하의 하중에 의하여 파단(破斷) 또는 이탈되어야 하고, 파단 또는 이탈된 부분으로부터의 위험물 누출을 방지할 수 있는 구조이어야 한다.
③ 휘발유와 경유 상호간의 오인에 의한 주유를 방지할 수 있는 구조이어야 한다.
④ 1회의 연속주유량 및 주유시간의 상한을 미리 설정할 수 있는 구조이어야 한다.

15 「위험물안전관리법 시행규칙」상 위험물 제조소등(이동탱크저장소를 제외한다)에 설치하는 경보설비로 옳지 않은 것은? (2020년 기출 변형)

① 확성장치
② 비상방송설비
③ 비상경보설비
④ 가스누설경보기

해설

14 오답피하기
① 주유노즐은 자동차 등의 연료탱크가 가득 찬 경우 <u>자동적으로</u> 정지시키는 구조이어야 한다.

15 위험물 제조소등에 설치하는 경보설비

| 가. 자동화재탐지설비 |
| 나. 자동화재속보설비 |
| 다. 비상경보설비(비상벨장치 또는 경종을 포함) |
| 라. 확성장치(휴대용 확성기를 포함) |
| 마. 비상방송설비 |

오답피하기
④ 가스누설경보기는 위험물 제조소등에 설치하는 경보설비에 해당하지 않는다.

정답 ≫ 14. ① 15. ④

16 「위험물안전관리법 시행규칙」상 제조소등에 설치하는 소방시설 설치에 대한 내용으로 옳지 않은 것은? (2021년 기출)

① 제조소등에는 화재발생시 소화가 곤란한 정도에 따라 그 소화에 적응성이 있는 소화설비를 설치하여야 한다.
② 제조소등에는 화재발생시 소방공무원이 화재를 진압하거나 인명구조 활동을 할 수 있도록 소화활동설비를 설치하여야 한다.
③ 주유취급소 중 건축물의 2층 이상의 부분을 점포·휴게음식점 또는 전시장의 용도로 사용하는 것과 옥내주유취급소에는 피난설비를 설치하여야 한다.
④ 지정수량의 10배 이상의 위험물을 저장 또는 취급하는 제조소등(이동탱크저장소 제외)에는 화재발생시 이를 알릴 수 있는 경보설비를 설치하여야 한다.

17 「위험물안전관리법 시행규칙」상 수납하는 위험물의 종류에 따라 운반용기의 외부에 표시하여야 할 주의사항으로 옳지 않은 것은? (2021년 소방간부 기출)

① 제1류 위험물 중 알칼리금속의 과산화물 또는 이를 함유한 것에 있어서는 "화기·충격주의", "물기엄금" 및 "가연물접촉주의"
② 제2류 위험물 중 철분·금속분·마그네슘 또는 이들 중 어느 하나 이상을 함유한 것에 있어서는 "화기주의" 및 "물기엄금"
③ 제3류 위험물 중 자연발화성물질에 있어서는 "화기엄금" 및 "공기접촉엄금", 금수성물질에 있어서는 "물기엄금"
④ 제4류 위험물에 있어서는 "화기엄금"
⑤ 제5류 위험물에 있어서는 "화기주의" 및 "충격주의"

해설

16 오답피하기
② 제조소등에는 규정에 맞게 해당되는 시설에 ①소화설비, ④경보설비 또는 ③피난설비를 설치하여야 하지만, 소화활동설비의 설치에 관한 규정은 없다.

17 오답피하기
⑤ 제5류 위험물에 있어서는 "<u>화기엄금</u>" 및 "충격주의"

정답 ≫ 16. ② 17. ⑤

06 위험물안전관리법 시행규칙

18 「위험물안전관리법 시행규칙」상 제조소등에서의 위험물의 저장 및 취급에 관한 기준 중 위험물의 유별 저장·취급의 공통기준으로 옳은 것은? (2023년 공채 기출)

① 제1류 위험물은 가연물과의 접촉·혼합이나 분해를 촉진하는 물품과의 접근 또는 과열·충격·마찰 등을 피하는 한편, 알카리금속의 과산화물 및 이를 함유한 것에 있어서는 물과의 접촉을 피하여야 한다.
② 제2류 위험물 중 자연발화성물질에 있어서는 불티·불꽃 또는 고온체와의 접근·과열 또는 공기와의 접촉을 피하고, 금수성물질에 있어서는 물과의 접촉을 피하여야 한다.
③ 제3류 위험물은 산화제와의 접촉·혼합이나 불티·불꽃·고온체와의 접근 또는 과열을 피하는 한편, 철분·금속분·마그네슘 및 이를 함유한 것에 있어서는 물이나 산과의 접촉을 피하고 인화성 고체에 있어서는 함부로 증기를 발생시키지 아니하여야 한다.
④ 제4류 위험물은 가연물과의 접촉·혼합이나 분해를 촉진하는 물품과의 접근 또는 과열을 피하여야 한다.

해설

18 오답피하기

② 제3류 위험물 중 자연발화성물질에 있어서는 불티·불꽃 또는 고온체와의 접근·과열 또는 공기와의 접촉을 피하고, 금수성물질에 있어서는 물과의 접촉을 피하여야 한다.
③ 제2류 위험물은 산화제와의 접촉·혼합이나 불티·불꽃·고온체와의 접근 또는 과열을 피하는 한편, 철분·금속분·마그네슘 및 이를 함유한 것에 있어서는 물이나 산과의 접촉을 피하고 인화성 고체에 있어서는 함부로 증기를 발생시키지 아니하여야 한다.
④ 제6류 위험물은 가연물과의 접촉·혼합이나 분해를 촉진하는 물품과의 접근 또는 과열을 피하여야 한다.

정답 ≫ 18. ①

Chatper 07 소방의 화재조사에 관한 법률

제1절 화재의 조사

01 「소방의 화재조사에 관한 법률」상 화재조사를 할 수 있는 권한을 가진 자로 옳은 것은?

(2018년 하반기 경력채용 기출)

① 행정안전부장관, 소방청장, 소방본부장
② 행정안전부장관, 소방본부장, 소방서장
③ 소방청장, 소방본부장, 소방서장
④ 소방청장, 경찰청장, 소방서장

02 「소방의 화재조사에 관한 법률」상 화재의 정의에 관한 설명으로 옳지 않은 것은?

(2023년 경력채용 기출)

① 사람의 의도에 반하여 발생하거나 확대된 물리적 폭발현상
② 고의에 의하여 발생한 연소 현상으로서 소화할 필요가 있는 현상
③ 과실에 의하여 발생한 연소 현상으로서 소화할 필요가 있는 현상
④ 사람의 의도에 반하여 발생한 연소 현상으로서 소화할 필요가 있는 현상

해설

01 <u>소방청장, 소방본부장 또는 소방서장(소방관서장)</u>은 화재가 발생하였을 때에는 화재의 원인 및 피해 등에 대한 조사(화재조사)를 하여야 한다.

02 오답피하기
① 사람의 의도에 반하여 발생하거나 확대된 <u>화학적 폭발</u> 현상

정답 ≫ 01. ③ 02. ①

05 위험물안전관리법 시행규칙

03 「소방의 화재조사에 관한 법률」 및 같은 법 시행규칙상 화재조사전담부서에서 갖추어야 할 장비와 시설 중 감식기기(16종)에 해당하지 않는 것은? (2023년 경력채용 기출)

① 금속현미경
② 절연저항계
③ 내시경현미경
④ 휴대용디지털현미경

04 「소방의 화재조사에 관한 법률」에 관한 내용으로 옳지 않은 것은? (2023년 경력채용 기출)

① 소방공무원과 경찰공무원은 화재조사에 필요한 증거물의 수집 및 보존에 관한 사항에 대하여 서로 협력하여야 한다.
② 소방관서장은 화재조사 결과의 공표 시 수사가 진행 중이거나 수사의 필요성이 인정되는 경우에는 관계 수사기관의 장과 공표 여부에 관하여 사전에 협의하여야 한다.
③ 화재조사를 하는 화재조사관은 관계인의 정당한 업무를 방해하거나 화재조사를 수행하면서 알게 된 비밀을 다른 용도로 사용하거나 다른 사람들에게 누설하여서는 아니 된다.
④ 소방청장, 소방본부장 또는 소방서장이 화재원인, 피해상황, 대응활동 등을 파악하기 위하여 자료의 수집, 감정 및 실험을 하는 행위는 화재조사에 포함되지 않는다.

해설

03 ▶ 감식기기

② 절연저항계, 멀티테스터기, 클램프미터, 정전기측정장치, 누설전류계, 검전기, 복합가스측정기, 가스(유증)검지기, 확대경, 산업용실체현미경, 적외선열상카메라, 접지저항계, ④ 휴대용디지털현미경, 디지털탄화심도계, 슈미트해머(콘크리트 반발 경도 측정기구), ③ 내시경현미경

오답피하기
① 금속현미경은 감정용기기(21종)에 해당한다.

04 오답피하기
④ "화재조사"란 소방청장, 소방본부장 또는 소방서장이 화재원인, 피해상황, 대응활동 등을 파악하기 위하여 자료의 수집, 관계인 등에 대한 질문, 현장 확인, 감식, 감정 및 실험 등을 하는 일련의 행위를 말한다.

정답 ≫ 03. ① 04. ④

05 「소방의 화재조사에 관한 법률」상 벌칙에 관한 내용이다. ( ) 안에 들어갈 내용으로 옳은 것은?

(2023년 경력채용 기출)

> 소방관서장은 화재조사를 위하여 필요한 경우에 관계인에게 보고 또는 자료 제출을 명하거나 화재조사관으로 하여금 해당 장소에 출입하여 화재조사를 하게 하거나 관계인등에게 질문하게 할 수 있다. 이에 따른 명령을 위반하여 보고 또는 자료 제출을 하지 아니하거나 거짓으로 보고 또는 자료를 제출한 사람은 (ㄱ)만원 이하의 (ㄴ)을/를 부과한다.

	ㄱ	ㄴ
①	200	벌금
②	200	과태료
③	300	벌금
④	300	과태료

해설

05 소방관서장은 화재조사를 위하여 필요한 경우에 관계인에게 보고 또는 자료 제출을 명하거나 화재조사관으로 하여금 해당 장소에 출입하여 화재조사를 하게 하거나 관계인등에게 질문하게 할 수 있다. 이에 따른 명령을 위반하여 보고 또는 자료 제출을 하지 아니하거나 거짓으로 보고 또는 자료를 제출한 사람은 (ㄱ. <u>200</u>)만원 이하의 (ㄴ. <u>과태료</u>)를 부과한다.

정답 ≫ 05. ②

이진형

[약 력]

- (현) 노량진 에듀윌 소방학개론/ 소방관계법규 교수
  대전 한국소방공무원학원 소방학개론 / 소방관계법규 전임
  청주 한국소방공무원학원 소방학개론 / 소방관계법규 전임
  에듀마켓 소방안전관리자 1, 2, 3급 과정 전임교수

- (전) 울산 한국소방공무원 학원 소방학개론 / 소방관계법규 전임
  부산 한국소방공무원 학원 소방학개론 / 소방관계법규 전임
  대구 세종공무원학원 소방학개론 / 소방관계법규 전임
  공주정보고등학교 소방안전과 산학겸임교사
  KPA 안동 공무원 기숙학원 소방학개론 / 소방관계법규 전임

2024 이진형 소방관계법규 단원별 기출문제집

발행일 : 2023년 11월 24일
저　자 : 이진형
발행인 : 김진연
발행처 : (주)도서출판 참다움
등　록 : 제2019-000035호
주　소 : 서울특별시 동작구 만양로 84, (노량진 삼익프라자) 1층 129호, 130호
ＴＥＬ : 02) 6953-7038
ＦＡＸ : 02) 6953-7039

※ 본서의 무단 전재·복제행위는 저작권법 제136조에 의거 5년 이하의 징역 또는 5,000만원 이하의 벌금에 처하거나 이를 병과할 수 있습니다.

※ 파본은 구입처에서 교환하시기 바랍니다.

정가 13,000원